1日 1週 1年 1生

# 일류 습관

1日 1週 1年 1生

# 일류 습관

오가와 신페이·마타노 나루토시 지음 | 박현석 옮김

폭스코너

# 머리말

# 1

하루하루를 열심히 산다고 하는데도 인생이 전혀 나아질 기미가 보이지 않는다고 느껴진다면 그것은 성과를 낳지 못하는 나쁜 습관을 계속하고 있는 것이 원인일지도 모릅니다. 그런 나쁜 습관을 '성과를 낳는 습관'으로 조금씩 바꿔가면 새로운 시야가 열리기 시작합니다. 예전의 제가 그랬듯이.

"습관을 바꾸는 것이 중요합니다!"

이것이 이 책에서 가장 먼저 하고 싶은 말입니다.

하지만 오랜 습관을 바꾸기란 그리 쉬운 일이 아닙니다. 이래저래 어려울 것 같고, 무엇보다 귀찮을 것이라 생각하시는 분도 계실지 모르겠습니다.

사실은 그렇게 생각하시는 분이야말로 이 책을 읽어주셨으면 합니다.

저는 이 책을 성과를 낳는 것에 철저히 초점을 맞추고 썼습니다만, 다른 습관 관련 책에서 흔히 볼 수 있는 '무리한 일'이나 '무모한 일'은 절대로 권하지 않습니다. 왜냐하면 습관화할 때 가장 중요한 물음이 "그것을 평생 계속할 수 있는가?"이기 때문입니다. 여러 가지 습관을 예로 들었는데 그 일부가 독자 여러분께 '평생 계속할 만큼 중요한 것은 아니다'라는 생각이 들게 한다면 읽지 않고 그냥 건너뛰셔도 상관없습니다.

평생 계속해서 성과를 낼 수 있는 것만 습관으로 받아들여야 합니다. 그때 자신의 기호를 기준으로 삼아서는 안 되며, 기호에 따라 선택할 여지를 주어서도 안 됩니다. 이것을 올바른 요령으로 행하면 더 이상 길 위에서 헤맬 일은 없어지게 됩니다.

그 핵심을 조금이라도 이해한다면 '시간', '돈', '주위의 평가' 등에 대한 체감가치가 틀림없이 올라갈 것입니다. 그렇게 해서 성과를 낳는 기쁨을 깨달은 당신은 자연스럽게 자신을 제어하는 일에 대한 중요성을 알게 되어 독자적인 비즈니스맨의 길을 걸을 수 있을 것입니다.

이 책의 공동저자인 오가와 신페이 씨는 29세 때 이미 9개 회사를 경영하기 시작한 천재적 기업가로 자기관리에 대해서는 따를 자가 없을 만큼 자기 제어법을 잘 알고 있는 인재입니다.

오가와 씨에게는 다음 세대를 짊어지고 나가야 할 30대 전후의 비즈니스맨을 대표하도록 하고, 저는 오랜 세월에 걸친 경험을 바탕으로 일류 회사원이 몸에 익혀야 할 습관에 대해서 의견을 나눠가며 이 책을 썼습니다.

이 책에서는 저희 두 사람이 지금까지 수많은 실패를 되풀이하며 얻은 경험과 깨달음 가운데서도 확신을 가지고 소개할 수 있는 습관에 대해서만 이야기했습니다.

주위의 비즈니스맨들이 깨닫지 못한 무기를 손에 넣어, 자신이 원하는 대로 비즈니스를 해나갈 수 있는 습관을 몸에 익히시길 바랍니다.

마타노 나루토시

# 차례

## 3 인맥과 가능성을 확장시키는 **밤의 습관**

## 4 뇌와 몸을 가볍게 해주는 **매일의 습관**

# 5  성장을 가속화하는 매주·매달의 습관

# 6 시야를 넓혀주는 매해의 습관

# 7 뜻을 관철시키는 평생의 습관

# 1

일류와 이류를 결정짓는

# 아침의 습관

First-class morning habits

# 1

# 올빼미형 인간이
# 아침형 인간으로 변한 이유


저(오가와)는 몇 년 전까지만 해도 시스템 엔지니어로 근무했기 때문에 완전한 올빼미형 인간이었습니다. 야근 수당을 노리고 미그적미그적 회사에서 시간을 보내다 아침에 일어나는 것은 출근 시간 40분 전. 간신히 머리를 매만지고 회사로 달려가는 나날이었습니다.

그랬던 제가 지금은 매일 아침 4시에 일어납니다.

계속해서 일찍 일어나는 이유를 단적으로 말하자면, 누구에게도 방해받지 않는 시간이 늘어나 생산성이 향상되어 성과를 낼 수 있기 때문입니다.

제가 굳이 이런 말을 하지 않더라도 '개도 부지런해야 더운 똥을 얻어먹는다'는 속담이 예전부터 전해 내려오고, 다른 경영서를 펼쳐보아도 반드시 같은 내용이 적혀 있습니다. 하지만 대부분의 사람들이 이론적으로는 알고 있지만 실천을 하지는 못합니다.

저도 예전에는 몇 번이나 실패를 했고 그때마다 자기혐오에 빠지곤 했습니다. 그런데 아침활동(출근 전의 시간을 활용하는 것-옮긴이)이 계기가 되어 마침내 생활 사이클을 바꿀 수 있었습니다.

애초에 아침활동을 시작하게 된 계기는 자원봉사 조직의 운영을 통해 매니지먼트를 배우는 것의 유효성을 이야기한 드러커의 명저 《비영리단체의 경영》에 자극을 받았기 때문이었습니다. 현대판 자원봉사 조직의 운영은 과연 무엇일까 생각한 결과 시작한 것이 독서회를 주재하는 일. 원래부터 좀 더 많은 사람들과 만나고 싶다는 생각을 가지고 있던 당시의 제게는 이상적인 활동이라 여겨졌습니다.

이렇게 말씀드리면, 혹시 '일찍 일어나기에 실패했던 사람이 어떻게 아침활동을 시작한 순간 갑자기 일찍 일어나게 되었을까?'라고 의아해하시는 분이 계실지도 모르겠습니다.

저도 이렇게 책을 쓰는 입장이니 사실은 이쯤에서 극적인 테크닉을 탁 내놓고 싶은 마음입니다. 하지만 저는 솔직히 "해야 할 이유가 있었기에 가능한 방법을 찾을 수 있었다"고 말할 수밖에 없습니다. 그러나 이것이 가장 중요한 점이라고 생각합니다.

**처음에는 조금 힘들지만 시차적응과 마찬가지로 체내 시계가 순응하고 나면 크게 문제될 것은 없습니다. '그때까지 어떻게 계속할 것인가?' 하는 문제가 중요한데, 저는 아침활동을 일정에 넣음으로써**

**해결했습니다.**

"저는 매일 아침 4시에 일어납니다"라고 사람들에게 말하면 "어떻게 그렇게 힘든 일을 계속할 수 있나요?" 하고 묻는 분들이 많습니다. 하지만 저는 특별히 힘들다고는 생각지 않습니다.

비유를 하자면 습관은 자동차와 같은 것입니다. 스포츠카의 가속페달을 밟는 것과 경자동차의 가속페달을 밟는 것 중 어느 쪽이 더 힘이 필요하다고 생각하십니까? 둘 사이에 커다란 차이는 없을 것입니다. 하지만 실제로 속도는 엄청나게 차이가 납니다.

매일 밤 11시까지 야근을 하고 취침은 2시. 이튿날 아침 간신히 시간에 맞춰 출근하고 낮에 꾸벅꾸벅 조는 생활 속에서 자기계발서를 읽고 인격을 바꾸려 하거나, 업무관리를 해서 효율을 올리려 해봐야 한계가 있습니다. **경자동차는 아무리 잘 운전해봐야 시속 200km는 나오지 않을 테니까요.**

그런 괴로운 생활을 하고 있는 사람의 입장에서 보자면 제가 힘겨운 노력을 기울이고 있는 사람처럼 보일지 모르겠으나, 사실 저는 가속페달조차 밟지 않고 습성에 따라서 시속 200km로 달리고 있습니다. 반대로 4시에 일어나는 생활과 9시에 일어나는 생활을 내일부터 번갈아가며 반복하라고 한다면 저는 5일도 버티지 못할 것입니다.

인생에서 이루고 싶은 무엇인가가 있다. 거기까지는 아니더라도 1년 혹은 한 달 안에 이루고 싶은 일이 있다.

**만약 그렇다면 내일부터 아침 4시에 일어나기를 일주일 동안 계속 해야 할 이유를 만드십시오.**

이 책에서 소개하는 내용이 때로는 과격하게 느껴질지도 모르겠습니다. 하지만 힘든 일, 남들 눈에는 과격하게 보이는 일일수록 습관으로 삼는 편이 좋다는 사실을 이 책을 읽어나가는 중에 깨닫게 되실 것입니다.

**아침활동을 습관화하는 것이 일류로 가는 첫걸음이다.**

# 할 일이 없으면
# 일찍 일어날 수 없는 건 당연지사

아침활동을 시작하기 전에 저는 일찍 일어나는 것이 목적이라고 생각했습니다. 다시 말해서 '일찍 일어나면 뭔가 좋은 일이 있을 것이다'라는 착각밖에 가지고 있지 않았던 것입니다. 이른 아침, 알람 소리에 놀라 일어났을 뿐, 특별히 할 일이 없다면 아침잠의 유혹에 이길 수 없는 게 당연합니다.

사실 일찍 일어나는 것은 '하고 싶다/하고 싶지 않다'는 기준으로 생각했을 경우 대부분의 사람들에게 하고 싶지 않은 일입니다. 하고 싶지 않은 일을 이렇다 할 동기도 없이 실행에 옮길 수 있을 만큼 저는 의지가 강한 사람이 아니었습니다.

그런데 아침활동은 명확한 목적이었고 또 제게는 '하고 싶은 일'이었기에 그 수단인 '일찍 일어나기'도 가능해졌습니다. 게다가 저는 타인과의 약속은 무슨 일이 있어도 지키는 성격이기 때문에 약속이 있으면 이른 아침이라도 이불을 걷어차고 일어납니다.

지금은 일찍 일어나는 저의 목적이 아침활동에서 자신의 사업을 위한 것으로 바뀌었습니다. 그리고 하루하루, 일찍 일어나기의 성과를 실감하고 있습니다.

　　자기관리에 있어서 성과를 내야 한다는 생각은 매우 중요합니다.

　　앞서 말했던 '하고 싶다/하고 싶지 않다'는 기준에 '성과가 나온다/안 나온다'는 기준을 더해 생각해보면, **자기관리의 대상으로 초점을 맞춰야 할 것은 '하고 싶지는 않지만 성과가 나오는' 왼쪽 위의 영역입니다.**(아래 그림)

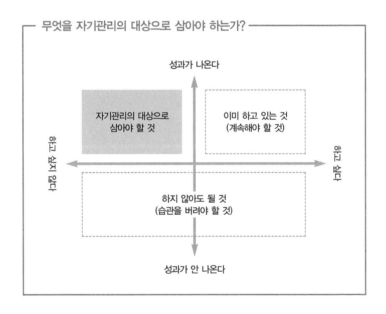

무엇을 자기관리의 대상으로 삼아야 하는가?

성과가 나온다

자기관리의 대상으로
삼아야 할 것

이미 하고 있는 것
(계속해야 할 것)

하고 싶지 않다

하고 싶다

하지 않아도 될 것
(습관을 버려야 할 것)

성과가 안 나온다

'하고 싶고 성과가 나오는 것'은 이미 하고 있을 것이고, '성과가 안 나오는 것'에 노력을 기울이는 것은 시간 낭비입니다. 그런데 '하고 싶지 않지만 성과가 나오는' 영역을 깨닫는 사람은 그 수가 적기 때문에 더욱 가치가 있습니다.

제(마타노)가 비즈니스맨을 대상으로 한 사설학원에서 가르치는 것 가운데 '2WCH'라는 독자적인 사고방식이 있습니다. Why-What-Can-How의 약자입니다.

① Why : 의지(왜 그것을 하는가?)

② What : 소망(무엇을 하고 싶은가?)

③ Can : 가능성(실현 가능성이 있는가?)

④ How : 방법(어떻게 하면 할 수 있을까?)

비즈니스에서 일이 잘 풀릴 때는 틀림없이 ①과 ②에서부터 순서대로 일을 결정했을 때입니다. 반대로 일이 뜻대로 되지 않아 고민하는 사람들의 대부분은 ③과 ④인 가능성이나 수단·방법부터 먼저 생각하는 경향이 있습니다.

방법론, 즉 이번 경우에 있어서는 '아침에 일찍 일어나기'부터 생각을 해버리면 아무래도 '하고 싶지 않다', '어려울 것 같다', '귀찮다'는 변명거리를 만들어낼 것이 분명합니다. 그렇게 하지 말고 ①인 의지와 ②인 소망, **즉 '성과를 내는 것'을 최우선으로 삼아 일을 결정해나가면 적어도 자신의 좋고 싫음만으로 일을 판단하지는 않게 될 것입니다.**

이 세상의 비즈니스맨 중에서 일찍 일어나는 것이 좋다는 이유만으로 일찍 일어나는 사람은 없습니다. 일찍 일어남으로써 무엇인가 성과를 얻을 수 있기 때문에 일찍 일어나는 것입니다.

> **'하고 싶지는 않지만 성과가 나오는 것'이라면 습관으로 만들자.**

# 아침에는 텔레비전도 스마트폰도 신문도 보지 않는다

저(오가와)는 매일 아침 4시 반에 출근하는데 그때부터 약 1시간가량을 저의 집중 시간으로 쓰고 있습니다. 제가 그날 해야 할 일 가운데서도 가장 중요한 것은 집을 나서기까지 생각해두었다가 집중 시간 동안에 그것만을 철저하게 행합니다.

아침 4시에 일어나 집중 시간이 끝날 때까지의 약 1시간 반, 스마트폰은 기내모드로 해두고 컴퓨터도 켜지 않고 신문도 읽지 않습니다. 텔레비전은 원래 보지 않기 때문에 외부 정보를 완전히 차단할 수 있습니다. 만약 일 때문에 컴퓨터를 켜야 할 때도 메일이나 메신저는 건드리지 않습니다.

외부에서 정보가 들어오면 사람은 그것을 처리하려고 머리가 제멋대로 움직입니다. 특히 커뮤니케이션 툴의 경우 그런 현상이 현저해서 '나중에 답을 하지 않으면 안 된다'고 한순간이라도 생각하게 되면 그만큼 집중력이 떨어지게 됩니다.

**제가 이른 아침에 집중 시간을 확보하고 있는 이유는 절대로 방해 받지 않는 나만의 시간을 갖기 위해서입니다.**

특히 경영자에게 있어서 가장 중요한 일은 의사결정입니다. '단순작업'의 경우엔 중간중간 일이 자주 끊겨도 성과를 낼 수 있지만 '생각하는 작업'에만은 일정한 시간이 필요합니다.

업무시간이 되면 부하나 거래처로부터 끊임없이 연락이 들어오는 것도 바꿀 수 없는 사실입니다. 바로 그렇기 때문에 일에서 성과를 얻기 위해 남보다 일찍 일어나 외부 정보를 차단한 채 집중할 수 있는 시간을 만들고 있는 것뿐입니다.

여기서 중요한 점은 자신의 생활 가운데 컨트롤할 수 있는 것과 컨트롤할 수 없는 것을 명확히 구분해서 컨트롤할 수 있는 것을 늘려가야 한다는 데 있습니다.

**컨트롤할 수 있는 것은 전부 컨트롤하자.**

## 4

# 중요한 일은
# 아침식사 전에 한다

"그런 일은 아침 먹기 전에 하지"라는 표현에서 그런 일이란 일반적으로 '간단히 할 수 있는 일'을 의미합니다. 하지만 그날 해야 할 일, 혹은 자신이 하고 싶은 일 가운데서도 가장 에너지를 필요로 하는 일을 아침식사 전에 하면 오히려 쉽게 성과를 얻을 수 있습니다.

밥을 먹으면 소화에 에너지를 쓰기 때문에 잠이 오고 동작이 굼떠지는 것은 동물로서 자연스러운 현상입니다. 반대로 배가 고픈 상태일수록 생존본능이 자극을 받아 신경이 예민해집니다. 그것을 활용할 수 있는 것이 아침식사 전입니다.

저(오가와)는 아침 7시에 일단 집으로 돌아와 가족과 함께 아침을 먹기 때문에 이른 아침의 집중 시간은 '아침식사 전'에 행하는 셈입니다.

**습관을 바꾸는 것은 당연하다고 생각하고 있는 일을 재검토하는**

**작업입니다.**

아침에 일어나자마자 식사를 하는 것이 당연한 일처럼 되어버린 사람은 그것이 정말 최선의 선택인지 자문해보시기 바랍니다. 그 이외의 선택도 있다는 사실을 기억해두어도 손해될 것은 없으리라 여겨집니다.

인간의 수면은 스마트폰의 충전과 같아서 충분한 수면을 취하면 기상 후의 에너지는 100%, 거기서부터 어떤 행동을 일으킬 때마다 에너지가 소모되어갑니다.

퇴근 후 헬스클럽이나 영어회화 학원 다니기에 실패하는 사람들은 이 잔존 에너지를 그다지 생각하지 않는 것이 원인 중 하나입니다. 출퇴근과 업무로 에너지를 소모해버리고 난 뒤 어느 정도 에너지가 남아 있는지는 밤이 되어보지 않으면 알 수 없습니다. 회복성이 없으면 안정적으로 성과를 내기 어려워지는 것도 어쩔 수 없는 일입니다.

자신에게 있어서 운동이나 영어회화 학습이 정말 중요한 일이라면 가능한 한 하루 중 이른 시간에 해보시길 권합니다. 매우 간단한 생각이지만 자신이 세운 우선순위대로 일을 처리하는 것이니 확실한 성과를 거둘 수 있습니다. 특히 회사원은 일단 출근을 하면 시간에 구속받기 때문에 더욱 그렇습니다.

비즈니스맨에게 있어서 무엇보다 많이 에너지를 소모하는 작업은 머리를 쓰는 일일 것입니다. 세상의 경영자들 대부분이 중요한 의사결정은 오전 중에 마치고 오후는 사람을 만나는 시간 등으로 쓰는 것도 납득이 가는 일입니다.

하루의 스케줄을 생각할 때는 지금 자신에게 가장 중요한 일이 무엇인가를 생각하고 그 가운데서도 특히 에너지를 많이 써야 하는 일부터 처리해나가도록 해야 합니다.

한마디 덧붙이자면 매일 아침, 같은 일을 할 필요는 전혀 없습니다.

사람들이 자주 묻는 "아침을 어떻게 활용해야 하나요?"라는 질문은 매우 협소한 이야기일 뿐입니다. 아침활동이나 1시간의 집중 시간은 '하루를 어떻게 잘 보낼 수 있을까?', '나는 어떤 사람이 되고 싶은가?'라는 물음 가운데서 찾아낸 시간 분배의 한 예에 지나지 않습니다. 중요한 것은 어떻게 해야 계속해서 성과를 낼 수 있을까 하는 것입니다.

**잔존 에너지를 고려하여 일의 우선순위를 정하자.**

# 성과를 내고 싶다면
# 출퇴근 시간을 짧게

저는 매일 자전거로 출퇴근합니다. 시간으로 따지면 약 5분. 가벼운 운동도 되고 만원 전철에 시달리느라 스트레스를 받지 않아도 되기에 마음에 듭니다.

제 회사지만 집 근처에 사무실을 빌린 게 아니라 사무실 근처에서 집을 찾았습니다. 전에는 사무실 옆에서 산 적도 있었는데, 거리가 너무 가까우면 공사 구분이 제대로 되지 않아 오히려 집에 잘 가지 않게 되곤 해서 절묘한 거리를 선택한 것입니다.

참고로 세계 여러 나라의 경영자와 경영간부들의 평균적 출근 시간은 32분 30초인 데 비해서 일본은 39분 6초(일본 리저스 조사, 2014년 자료)로, 이렇게 좁은 국토에 교통 인프라가 잘 정비되어 있음에도 세계 평균보다 20% 정도 더 오래 걸린다고 합니다.

비즈니스맨에게 있어서 출퇴근 시간이 긴 것은 상당한 손실입니다. 좋지 않은 점을 들어보자면 다음과 같은 세 가지 점입니다.

① 에너지 낭비(→ 아웃풋 저하)

② 시간 낭비(→ 기회 손실)

③ 교통비 증가(→ 회사의 공헌도 저하)


본인과 회사에게 좋은 점은 하나도 없습니다.

만약 당신이 '집세가 싸고 교통비도 회사에서 내준다'는 이유만으로 출퇴근 시간을 길거리에 낭비하고 있다면 지금 당장 그 발상을 바꾸기 바랍니다.

예를 들어 연간 출퇴근 일수를 245일이라고 했을 때, 편도 1시간 반 걸리던 사람이 편도 30분으로 줄어든다면 1년 동안 490시간이나 가처분 시간(자유로운 시간)이 늘어나는 셈입니다. 날수로 따지자면 20.4일. 하루 8시간인 근무시간으로 계산하면 61.25일입니다!

이미 성과를 거두고 있는 세대라면 모르겠지만, 지금부터 더욱 경험을 쌓아 성과를 내야만 하는 젊은 비즈니스맨이 희생으로 삼기에는 너무 긴 시간입니다.

"지하철을 타면 책을 읽을 수 있기 때문에 출퇴근 시간이 그다지 길게 느껴지지 않는다"고 말할 사람도 있을지 모르겠으나, 매일 책을 읽을 수 있는 것도 아닐 터입니다. 그 시간에 다른 취미 활동이나 데이트, 가정봉사도 할 수 있을 것입니다.

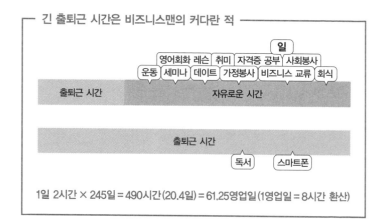

긴 출퇴근 시간은 비즈니스맨의 커다란 적

영어회화 레슨 | 취미 | 자격증 공부 | **일** | 사회봉사
운동 | 세미나 | 데이트 | 가정봉사 | 비즈니스 교류 | 회식

출퇴근 시간 | 자유로운 시간

출퇴근 시간

독서 | 스마트폰

1일 2시간 × 245일 = 490시간(20.4일) = 61.25영업일(1영업일 = 8시간 환산)

취리히대학의 조사에 의하면 **출퇴근 시간이 22분 늘어난 경우의 행복도 저하를 메우기 위해서는 수입이 3분의 1은 늘어나야 한다고 합니다.** 출퇴근 시간이 늘어난 덕분에 더 많은 성과를 거두게 되었다는 이야기는 들어본 적이 없으니 일반적인 회사원이라면 행복도가 떨어지는 것은 틀림없는 사실입니다.

사람들 가운데는 자연에 둘러싸인 생활이 좋다고 하는 사람도 있습니다. 그런 사람은 자신이 목표로 하는 라이프 스타일을 실현하고 있는 것이니 부러울 따름입니다. 하지만 가장 커다란 문제는 돈을 벌고 싶어하는 사람이 오랜 시간 대중교통에 시달리는 경우입니다.

고정 지출인 집세와 생활비를 줄이고 싶어하는 마음은 저도 이해합니다. 자녀도 있어서 넓은 주택이 필요한 분은 특히 더 그럴 것입니다. **하지만 시간과 체력을 낭비하는 상황에 계속 머물러봐야, 언젠가 그 상황이 호전되리라고는 여겨지지 않습니다.** 아마 본인도 그 사실을 알게 모르게 느끼고 있을 것입니다. 정말 지금과 같은 생활을 계속해도 괜찮은 걸까, 하고. 그런데 정신을 차리고 보니 교외에 자신의 집을 사버려서 더는 움직일 수 없게 되어버리고……

낮은 위치에 자리를 잡아버린 상황이 견딜 수 없이 싫다면 자신의 생활패턴 중 어딘가를 바꿔야만 합니다. 가장 의미가 없는 행위는 의식을 바꾸는 것. 예를 들어 '결심' 같은 것입니다. 행동을 바꾸지 않는 한 아무것도 바뀌지 않습니다.

생활패턴을 바꿈으로 해서 일시적으로는 월급이 내려가거나 방이 좁아지거나 집세가 비싸지거나 가족이 떨어져 살 수밖에 없게 되는 등 약간의 아픔이 수반될지도 모릅니다. 하지만 그것을 선행 투자라 생각하고 이익을 얻을 수 있으리라 기대된다면 진지하게 투자를 검토할 가치가 있지 않겠습니까?

원래 비용은 수익을 얻기 위해 사용하는 것입니다.

'시간'이라는 비용을 들여 남는 집세로 '용돈'을 버는 것이 옳을지, 아니면 '이사비'나 '집세' 등과 같은 비용을 들여 시간을 얻고 결과적으로 '평생 수입을 늘리는 것'이 옳을지, 장기적인 목표로 어떤 것이 적합할까 하는 이야기입니다.

적어도 혼자 사는 비즈니스맨 가운데 성공하고 싶어하는 사람이 있다면 망설이지 말고 직장 근처로 이사를 하라고 권하겠습니다.

저도 예전에 회사원이었을 때는 도쿄 미나토 구에 있는 회사 근처의 허름한 공동주택을 빌려 살았습니다. 어떻게 해서든 자유로운 시간을 늘려 내게 커다란 자극이 될 만한 선배들과 깊은 교류를 나누고 싶었기 때문입니다.

일류라 불리는 사람은 자신의 의지로 어떻게 해볼 수도 없는 일 때문에 고민하지 않으며, 컨트롤할 수 있는 것에만 집중해서 자신을 바꾸어나가는 힘을 가지고 있습니다.

지금 다니고 있는 회사를 그만둘 마음이 없다면 회사의 장소는 컨트롤할 수 없지만 사는 집은 컨트롤할 수 있습니다. 집안에 사정이 있어서 이사를 할 수 없다면, 사는 집은 컨트롤할 수 없지만 일하는 회사는 자신의 의지로 결정할 수 있습니다.

자신이 변하고 싶다면 가능한 한 커다란 것부터 바꾸어나갑시다.

**긴 출퇴근 시간은 비즈니스맨에게 큰 적이다.**

---

**6**

---

# 의식적으로
# '아직 끝나지 않은 일'부터 시작한다

---

자동차와 마찬가지로 일을 할 때도 어느 정도의 예열이 필요합니다.

저(마타노)는 매일 아침 하루의 스케줄을 정리하는 것으로부터 아침의 페이스를 만들어갑니다. '오늘은 이 사람을 만날 수 있다'고 생각하는 것만으로도 하루가 즐거워지며 해야 할 일이 명확해지기 때문에 실제 작업도 망설임 없이 시작할 수 있게 됩니다.

어느 정도의 예열이 필요한가는 사람에 따라 다릅니다만, 업무 시간이 시작된 후 1시간이 지나도록 일에 집중하지 못하는 사람도 있습니다. 그런데 발동이 늦게 걸리는 사람들은 대부분 다짜고짜 어려운 일부터 시작하려는 경향이 있습니다.

그런 슬로 스타터에게 권하고 싶은 방법은 전날 의식적으로 일을 남겨두고 퇴근하는 것입니다. 간단한 일을 남겨두는 것이 포인트입니다.

**전날 저녁에 메일에 대한 답장을 보냈다면 1건만 답장을 보내지 않고 퇴근하는 것입니다.** 그렇게 하면 이튿날 아침에 해야 할 일이 명확해지기 때문에 집중력에서 차이가 납니다(틀림없이 늦잠도 자지 않게 될 것입니다). 또한 확실하게 마무리 지을 수 있는 일이기에 가벼운 달성감도 느끼게 됩니다.

'엔진이 걸리는 데 시간이 필요하다'는 것은 그 사람의 특성입니다. 약점이라고 해도 좋을 것입니다. 인간의 약점을 극복하기란 쉬운 일이 아니지만 목적은 성과를 내는 것이지 완벽한 사람이 되는 것이 아닙니다. 약점을 보완해 목적을 달성하려면 어떻게 해야 하는지를 먼저 생각할 필요가 있습니다.

자기 약점의 메커니즘을 알고, 대처 방안을 마련하자.

## Column
### 칼럼

# '지정석에 돈을 쓰는 것'은
# 일류의 습관일까?

지정석은 부자유석. 자유를 얻고 싶다면 자유석.

여러분도 출장 때문에 고속열차를 타야 하는 경우가 많을 테지만, 저(오가와)는 열차를 탈 때 기본적으로 자유석에 앉습니다. 단순히 지정석에 앉으면 좋은 점보다 나쁜 점이 더 많기 때문입니다.

자리를 지정받기 때문에 '저 자리가 비었으니 저리로 옮기고 싶다'는 생각이 들어도 그렇게 할 수가 없습니다. 게다가 요금이 비싸다는 점도 이해할 수 없습니다. 철도회사 입장에서 보자면 지정석은 매출 예측이 가능한 우량 고객인데 어째서 요금을 더 받는 건지 이해가 되지 않습니다. 그 요금으로 보장받을 수 있는 것은 앉아서 갈 수 있다는 것뿐이지요. 이건 마치 샐러리맨의 삶과 매우 흡사하다고 생각하지 않으십니까?

애초부터 지정석을 사지 않으면 앉을 수 없는 시간대에는 이동을 피하고 있으며, 자유석으로는 앉을 수 없는 경우에는 일반 지정석을 건너뛰어 쾌적함을 얻을 수 있는 특실을 선택합니다. 사실 세 번 자유석을 이용하면 그다음 한 번은 특실에 타도 총 지출액에는 변함이 없습니다. 지출에 차이가 없다면 자유를 얻는 편이 낫다고 생각하지 않으십니까?

평소에는 검소한 생활을 하다 가끔 일류 레스토랑에서 식사를 하는 것과 같은 발상으로 자유를 만끽한다는 것은 이런 것이라 생각합니다.

매우 자유로운 택시도 적극적으로 이용합니다. 도쿄 내로만 한정해서 말하자면 자동차를 소유하는 것보다 택시를 이용하는 편이 훨씬 비용이 적게 들고, 택시비를 아끼기 위해 30분 동안 걷기보다는 700여 엔을 내는 편이 시급으로 따지자면 훨씬 더 생산적입니다.

또한 비행기에 탈 때는 시간이 거의 다 될 때까지 타지 않습니다. 공항에도 아슬아슬하게 가는 경우가 많지만, 혹시 일찍 갔다 할지라도 마지막 탑승 방송이 있을 때까지 라운지에서 계속 일을 합니다.

아무리 일찍 가서 줄을 서봐야 비행기가 도착하는 시간은 같습니다. 그러니 비행기에 머무는 시간을 가능한 한 줄여 일을 하는 편이 낫다고 생각합니다.

# 2

일이 가장 빨리 돌아가는
# 낮의 습관
First-class afternoon habits

# 1

## 자신과의
## 약속을 잡자

스케줄을 잘 조절해서 짜는 힘은 비즈니스맨에게 필수 스킬입니다. 하지만 스케줄을 빽빽하게 늘어놓기만 해서는 가치가 없습니다. 오히려 일정에 여유를 두는 것이 이상적입니다.

일정이 빽빽하면 중요한 일이 생겼을 때 거절을 할 수밖에 없습니다. 기회 손실이라는 위험이 발생합니다.

저(마타노)는 회사원 시절부터, 제게 있어서 정말로 중요한 사람과 약속을 할 때는 백지 스케줄을 건네주고 있습니다. '당신과의 시간이 최우선입니다'라고 선언하는 것이 상대방에 대한 최고의 경의가 됩니다.

실제로는 예정이 있어도 "다음 주라면 언제든 상관없습니다"라고 말합니다. '하필이면 이때?!'라고 여겨지는 일시를 지정할 때도 있습니다만, 무슨 일이 있어도 놓치고 싶지 않은 커다란 기회라면 망설이지 않고 그렇게 합니다.

만약 스케줄이 빽빽이 잡혀 있기만 할 뿐 자신의 시간을 확보할 수 없는 환경이라면 자신과의 약속을 잡아보는 건 어떨까요? 말 그대로 스케줄 표에 '16~17시, 나'라고 쓰는 것입니다.

평소 업무에 쫓겨 자신의 중요한 일을 하지 못한다면 자신의 시간도 업무화하자는 발상입니다. **애초부터 별로 중요하지도 않은 일인데 타인과의 약속이라는 이유만으로 우선순위가 올라간다는 것은 이해할 수 없는 일입니다.**

사실 이것은 스티븐 코비의《성공하는 사람들의 7가지 습관》으로 유명해진 '급하지는 않지만 중요한 일(통칭 제2영역)'을 말하는 것입니다. 다시 말하자면 '단기적으로는 귀찮지만, 장기적으로 방치해두면 나중에 복잡해지는 일'을 뜻합니다. 일상의 업무에 쫓겨서는 언제까지고 시간을 낼 수 없는 이 제2영역을 정기적으로 스케줄에 포함시키면 되는 것입니다. '의욕'이나 '동기부여' 등에 의존하지 말고, 담담하게 '규칙화'하고 '이유'를 만들고 '잔존 에너지를 분배'하는 것이 습관화의 요령입니다.

이렇게 해서 스케줄은 중요한 것부터 잡아나가는 것이 기본.

자신의 시간에 정말 중요한 일이 들어오면 자신과의 스케줄을 다시 짜면 되고, 별로 중요하지 않은 용건이라면 "선약이 있습니다"라고 거절하면 그만입니다. 거짓말은 아니니까요.

한정된 자원을 어떻게 활용하느냐가 자기관리의 본질입니다. 시간을 자신의 의지대로 컨트롤할 수 없다면 언제까지고 자기관리는 불가능한 일입니다.

> **스케줄은 중요한 것부터 잡아나가고,
> 그 속에 자신과의 약속도 집어넣자.**

# 낭비하는 시간을 찾아내
# 철저하게 배제하라

종업원의 스케줄을 클라우드로 공유할 수 있는 시대. '이놈 한가한가 보군'이라는 인상을 주지 않기 위해서 열심히 일정을 잡아야 하는 심정도 조금은 이해가 갑니다. 하지만 개중에는 "스케줄이 빽빽하게 잡혀 있지 않으면 일을 하고 있는 것 같은 느낌이 들지 않는다"고 말하는 사람도 있습니다. 이건 틀림없이 본인의 의지에 문제가 있는 것입니다.

스케줄이 빈 자유로운 시간이야말로 자립을 목표로 하는 비즈니스맨이 늘 추구하는 것입니다. 자유로운 시간을 활용해서 스스로의 지휘로 일을 하고 사람을 만나고 배우고 자극을 받는 것만큼 충실한 시간도 없을 것입니다. 그 소중한 시간을 '가치가 없는 시간'이라고 생각한다면 그것은 커다란 착각입니다.

자유로운 시간을 늘리는 유일한 방법은 낭비하는 시간을 줄이는 것입니다.

예를 들어……

- 상품에 흥미를 보이지 않는 손님에게 계속 영업활동을 하는 것.
    → 시간 대비 효과가 좋지 않다면 그 손님은 포기한다.
- 불평만 가득한 회식에 참석하는 것.
    → 사내에서의 인간관계가 악화되지 않는 선에서 참석 횟수를 제한한다.
- 이동에 시간을 빼앗기는 것.
    → 두 가지 약속을 한꺼번에 잡는 등 '겸사겸사'를 늘린다.
- 쓸데없는 회의에 매주 나가는 것.
    → 단순 보고를 위한 회의는 메일로 대신한다. 혹은 생산적인 내용으로 바꾼다.

성과가 없을 것이라는 사실을 분명히 알고 있는 일을 해서는 안 되지만, 성과가 있을지 없을지 알 수 없는 일이라면 우선은 해봐야 합니다. 여기서 낭비하는 시간을 배제하기 위해서는 우선 낭비하는 시간을 구별해내는 힘이 필요합니다. 낭비라는 사실을 알았다면 과감하게 버리거나, 그 낭비를 가능한 한 회피하려고 노력해야 합니다.

샐러리맨의 인생 가운데 가장 억울한 것은 안 그래도 한정된 시간 안에 성과를 내야 하는데, **볼 줄 아는 사람의 눈으로 보면 확실히 낭비라고 단언할 수 있는 일을 본인은 신이 나서 열심히 하고 있는 것입니다.** 조직의 구조 안에 낭비가 섞여 있으면 그 낭비를 쉽게 깨달을 수 없기 때문입니다.

그중 대표적인 것이 사내 회의입니다. 직책이 높지 않고 회사 전체의 모습을 보는 힘이 없는 젊은 사람에게는 어떤 회의가 낭비인지 판단이 서지 않습니다. 그럴 때는 자신과 별로 관계가 없는 회의까지 포함해서 사내의 온갖 회의에 참석해보라고 권하고 싶습니다. "공부를 겸해서 제가 서기를 맡고 싶습니다"라고 말하면 상사도 쉽게 거절하지는 못할 것입니다.

그렇게 하면 정말 낭비라고 여겨지는 회의가 보이기 시작합니다. 한 번이라도 낭비를 경험하고 나면 자신이 앞으로 출세해서 그 회의에 불려나가게 될 때까지 그 낭비를 회피하기 위한 대책을 세울 수 있게 됩니다.

참고로 회의는 원래 '의사결정'의 장소이기 때문에 그 시간을 사용해서 무엇을 결정하려는 것인지 명확하지 않은 회의는 낭비입니다. 보고를 위한 모임 같은 정보 공유 수준이라면 메일이나 일대일 보고로도 충분합니다.

낭비를 구별해낼 줄 아는 힘이 생겼는지를 확인하는 방법은 간단합니다. '혹시 이건 의미가 있지 않을까?'라며 아직 의문부호가 붙어 있다면 구별할 줄 아는 힘이 생긴 것이라고는 말할 수 없습니다.

　단, 주의해야 할 점이 한 가지 있습니다.

　모든 회의가 낭비라고 여겨진다면 자신의 판단기준이 미숙하다고 생각하는 편이 현명할 것입니다. '나 외에는 전부 비정상이다'라고 생각하는 것은 이론적으로 문제가 있습니다.

**다양한 경험을 통해 낭비가 되는 일을 가려내자.**

# 3

# 메모하는 습관을 들여라

인간의 능력에는 한계가 있습니다. 체력도 그렇지만 사고력도 마찬가지입니다.

"세 가지 이상의 일을 생각하면 사람의 뇌에 과부하가 걸린다"고 흔히들 말하는데 평소 일하는 모습을 돌아봐도 그 말은 사실인 듯합니다. 용량이 큰 프로그램을 여럿 실행하면 컴퓨터의 메모리가 부족해서 움직임이 느려지는 것처럼 인간의 뇌가 동시에 처리할 수 있는 정보량에도 한계가 있습니다.

이와 같은 뇌 안의 작업영역을 '워킹메모리'라고 합니다.

**워킹메모리를 최대한으로 사용하면 일의 처리속도나 정밀도가 매우 높아집니다. 그것을 위해서는 그 일 이외의 일로는 머리를 쓰지 않도록 노력할 필요가 있습니다.** 그 유명한 아인슈타인은 자기 집의 전화번호를 외우지 못했습니다. 머리를 쓰는 것이 일이었던 그에게 워킹메모리의 절약은 절실한 문제였던 것입니다(물론 아스

퍼거 증후군이었던 점도 커다란 원인이라고 생각합니다).

또한 페이스북의 마크 저커버그가 언제나 같은 옷만 입는 것도 유명한 일화입니다. 그에게 있어서 옷을 고르는 행위는 '아무래도 좋은 일'이기 때문입니다. 이것도 워킹메모리를 절약하기 위해서입니다.

그렇다면 일상의 업무에서 워킹메모리를 절약하는 방법은 무엇일까요?

가장 간단한 방법은 메모를 하는 것입니다. 여러분도 중요한 일은 메모를 하고 계시리라 생각합니다만, 그것을 반대로 보자면 중요하지 않은 일은 기억해둔다는 의미로 해석할 수도 있습니다. 중요하지 않은 일에 워킹메모리를 쓴다는 것은 참으로 아까운 일입니다. **잊으려고 노력하기 위해서 하는 것이 메모의 목적입니다.**

예를 들어 경리로부터 "이번 주 안으로 출장비 정산을 해달라"는 요구가 있었다고 합시다. 일반적으로 사람들은 "음, 알았어"라며 메모를 하지 않습니다. 그리고 잠시 후 집으로부터 퇴근할 때 우유를 사오라는 문자가 옵니다. 이 시점에서 기억해야 할 일은 두 가지가 됩니다. 이처럼 사소한 일들이 쌓여 워킹메모리를 압박하기 시작합니다.

저(오가와)는 메모지 대신 포스트잇을 늘 가지고 다닙니다. 단기기억(이것이 워킹메모리의 원래 의미) 대신 사용하는 것이기 때문에 포스트잇이면 충분합니다. 어플리케이션 등으로 관리를 하기 시작하면 사소한 일들의 경우에는 입력을 하지 않기 때문에 의미가 없습니다.

메모에 관한 이야기를 조금 더 해보겠는데 세미나 등에 참가하는 사원에게는 "칠판을 그대로 메모하지 마라. 깨달은 것을 적어라"라고 입에 침이 마르도록 말합니다. 왜냐하면 대부분의 세미나는 강사의 이야기보다 자신이 얻은 힌트나 배운 것에 더 가치가 있기 때문입니다.

노트 정리술로 유명한 다카하시 마사시〔高橋政史〕 씨는 "메모와 노트는 다르다. 메모는 기록하기 위한 것. 노트는 생각하기 위한 것"이라고 말했는데 참으로 옳은 말입니다. 노력을 기울여야 할 것은 메모가 아니라 노트입니다. 가령 칠판을 기록할 가치가 있다면 휴대폰 카메라로 찍어 클라우드에 올려놓으면 그만입니다.

**워킹메모리를 절약하여 사고력의 용량을 늘리자.**

## 4

# 망설임이 시작되기 전의
# 5초 안에 결정하라

일정한 페이스로 일을 할 수 있다면 이상적이겠지만 그렇게 할 수 있는 것은 로봇뿐입니다. 사람은 그때의 의욕이나 컨디션에 쉽게 좌우됩니다. 그게 좋다, 나쁘다 하는 이야기가 아니라 그것이 사람입니다.

비즈니스맨은 일정한 성과를 내기만 하면 됩니다. 약간의 기복이 있다 할지라도 하루를 마쳤을 때 성과를 냈다면 누구도 뭐라고 할 사람이 없습니다.

참고로 사람의 의욕은 5초 만에 끝나버린다고 합니다. 조금이라도 성과를 내고 싶다면 **의욕 스위치가 들어온 순간을 놓치지 말고 바로 행동으로 옮기면 성과를 기대할 수 있다는 말입니다.** 겨우 5초면 되는 이 습관 기술로 커다란 성과를 얻을 수 있습니다.

누군가와 약속을 잡아야겠다고 생각했다면 바로 메신저 소프트웨어를 열어 '다음 주에 만날 수 있습니까?'라고 메시지를 보내버리는 것입니다. 그렇게 하면 5초 만에 일이 끝납니다.

하지만 그때 페이스북을 열어서는 끝장입니다. 새로 올라온 글을 확인하고 '좋아요!' 버튼을 누르기 시작하는 것은 이제 현대병이기 때문에 막을 수가 없습니다. 그렇게 되면 5초는 순식간에 지나가버리고 맙니다.

메일도 위험합니다. 메일을 열었는데 새로운 메일이 들어와 있으면 아무래도 그것을 먼저 읽게 됩니다. 따라서 최단으로 움직일 수 있는 메신저 소프트웨어(예를 들면 페이스북의 메신저 기능 같은)가 편리합니다.

이번에는 어떤 사업계획이 떠올랐다고 합시다. 그때는 바로 종이에 적습니다. 문자화함으로써 더 많은 아이디어가 떠오를지도 모르기 때문입니다.

포스트잇은 너무 작을지 모르니 자신의 책상에서 손이 닿는 위치에 화이트보드가 있다면 이상적입니다. 그게 없다면 A4용지를 언제라도 집어들 수 있는 위치에 놓아둡시다. 이때 '아깝다'고 생각하는 것은 커다란 손실이니 버려도 상관없는 이면지 등을 사용해야 합니다. 이면지라고 해서 아이디어의 가치가 떨어지는 것은 아닙니다.

저(오가와)는 점심시간에 사원과 나눈 잡담이 계기가 되어 원가를 빼고도 총 2억 3천만 엔의 매출을 올린 경험이 있습니다. 그때

활약한 것이 이면지입니다. 어떤 시장의 맹점을 파고든 비즈니스였는데 점심시간 중의 잡담이었기에 '그거 재미있는 발상인데'라며 그냥 넘어갈 가능성도 있었습니다. 다행히 저는 종이에 바로 적는 습관이 있었기 때문에 그것으로 실현 가능성을 검증한 뒤, 그날 오후에 사원에게 지시를 내렸습니다. 이면지를 우습게 봐서는 안 됩니다.

의욕을 놓치지 않는 자기관리의 기술은 일상생활 속에서도 자주 활용할 수 있습니다.

집에서 소파에 누워 편안히 쉬고 있다가 갑자기 '청소하자'는 생각이 들었다면 우선은 자리에서 일어나 어질러져 있는 옷을 정리해보십시오. 자리에서 일어나 실제로 행동을 개시했다는 것이 포인트입니다. 출발했을 때의 그 기세만 있으면 성과는 쉽게 얻을 수 있습니다.

**5초 규칙은 부정적 의욕을 제어하는 데도 사용할 수 있습니다.** 한참 일을 해야 하는데 아무래도 다른 짓을 하고 싶다는 충동에 휩싸였다면 "우선 5초만 기다려보자"고 자신에게 말해보십시오. 혹은 고객과 이해할 수 없는 내용의 전화를 마친 뒤 책상 위의 물건을 집어던지고 싶은 기분이 들었다면 5초 동안만 이를 악물고 참아보십시오.

사람은 자신이 생각하고 있는 것보다 나약한 존재입니다. 강한 의지를 가지고 있다고 생각하지만 간단히 타성에 젖어버리며, 반대로 반드시 해야 할 필요성이 있음에도 불구하고 의욕이 솟아오르지 않을 때도 있습니다.

그런 때일수록 5초 규칙을 잘 활용해서 자신을 컨트롤해보시기 바랍니다.

> **사람의 의욕은 5초 만에 사라진다.**

# 5

# 일을 하는 건지 마는 건지
# 애매한 상황을 만들지 마라

아침부터 밤까지 전력으로 일을 하는 사람은 없습니다. 설령 있다 할지라도 그것은 틀림없이 마감이 임박한 상황일 것입니다. 인간미라는 면에서 봤을 때도 24시간 일하는 것은 결코 미덕이 아닙니다.

저는 업무시간 중에 헬스클럽에 가기도 하고, 낮잠을 자기도 하고, 사원들과 잡담을 나누기도 하는 등 상당히 자유롭게 다른 짓을 합니다. 이른 아침에 중요한 일을 전부 마치기 때문에 가능한 일입니다만, 사원들에게도 다른 짓을 해도 좋다는 자기 재량권을 각자에게 주었습니다.

다른 짓을 한다고 해봐야 일하는 시간이 훨씬 길기 때문에 회사가 손해를 볼 것은 없습니다. 오히려 적당히 쉬고 나면 일에 대한 집중도가 높아지기 때문에 더욱 성과를 기대할 수 있습니다. 공장 노동이 아니므로 시간을 배로 썼다고 해서 성과가 배로 나오는 것도 아닙니다. 앞으로 그런 업무는 기계가 대신하게 될 것입니다. 들인 시간과 상관은 있지만 비례하지는 않는, 그런 일들이 21세기에는 우리 인간의 일이 될 것입니다.

저희 회사에는 다른 짓에 대한 규칙이 딱 한 가지 있습니다.

그건 **일을 하는 건지 마는 건지 애매한 상황을 만들지 말라는 것.**

사원이 자신의 책상에서 페이스북을 만지기 시작하면 "그건 좀 아니지 않은가?"라고 일침을 놓습니다. SNS를 하고 싶으면 흡연실에 가서 스마트폰을 보라고 합니다. 만약 여러 사람을 만나고 싶다는 이유만으로 영업사원이 계약해줄 것 같지도 않은 고객에게 가는 것을 일이라 생각하고 있다면 "잘못 생각하고 있어"라고 지적합니다.

온·오프의 전환을 명확히 하라는 의미가 아닙니다. 자영업자와는 달리 업무시간이 한정되어 있는 샐러리맨은 자칫 온과 오프를 구분해서 생각하기 쉽습니다. 일은 집중, 노는 것은 힘을 빼는 일이라고 생각하는 것이 온·오프의 발상인데, 그게 아니라 일을 할 때나 놀 때나 전부 온 상태로 두는 것이 이상적입니다.

지금 자신이 하고 있는 일에 '얼마나 집중할 수 있는가'가 포인트입니다. 최대한 집중해서 일을 하고 최대한 집중해서 다른 짓을 한다면 저는 아무런 말도 하지 않습니다. 극단적으로 말해서 사원이 4시간밖에 일을 하지 않는다 할지라도 누구보다 집중해서 일을 하고 제가 감탄할 만한 성과를 올린다면 남은 시간은 다른 짓에 열중하라고 말할 것입니다.

구글의 20% 규칙은 너무나도 유명한데 이를 '20%는 다른 일에 힘을 빼도 좋다'고 착각하는 사람들이 가끔 있습니다. 그렇지 않습니다. 새로운 아이디어는 루틴에서 태어나지 않는다는 경영 사상이 낳은, '20%는 업무 이외의 일에 열중해도 좋다'는 규칙인 것입니다.

**성과는 매달린 시간이 아니라 집중도로 결정된다.**

## 6

# 점심시간을
# 전략적으로 사용하라

　　도심의 고층빌딩에서 점심시간에 쏟아져 나오
는 비즈니스맨의 숫자는 그야말로 엄청납니다. 엘리베이터로 1층
까지 내려가는 데 10분이나 기다려야 하는 경우도 있습니다. 당
연히 어디를 가나 식당 앞에는 장사진. 귀중한 시간이 덧없이 흘
러갑니다.

　　점심시간은 회사원에게 유일하게 권리로 부여된 자유시간입니
다. 공장이나 현장처럼 전원이 모여야만 제 기능을 하는 일이라면
모르겠으나 요즘 같은 때에 사원에게 점심시간에 대한 재량권을
주지 않는 회사는 경영감각을 의심해보는 편이 좋을 것입니다.

**사람들 모두가 사무실을 비우는 점심시간은 걸려오는 전화도 없기**
**때문에 아침에 이은 제2의 집중 시간이 될 수 있습니다.** '12시부터
1시까지 이 일을 마치겠다'는 스케줄을 짜는 것도 좋을 듯합니다.

　　저(마타노)는 동료들이 사원식당으로 줄줄이 행진할 때는 그대

로 일을 계속하다 시간이 지나 텅 빈 시간대에 점심을 먹었습니다. 점심시간을 앞당겨 먹는 것은 쉬운 일이 아니지만, 점심시간에 일을 하던 사람이 늦게 점심을 먹었다고 탓할 회사는 그리 많지 않을 것입니다. 이를 잘 활용하면 전략적으로 자신만의 시간을 1시간 더 늘릴 수 있습니다.

**그리고 12시를 알리는 소리가 울렸다고 해서 반사적으로 밥을 먹으러 가자고 생각하는 것 자체가 타인에게 지나치게 컨트롤당하는 일입니다.**

'아니, 점심시간이 아니면 먹을 수 없으니 어쩔 수 없는 일 아닙니까?'라고 생각하는 사람이 대부분일 테지만, 거기에 '먹지 않는다'는 옵션이 왜 존재하지 않는지 이해할 수 없습니다. 그날 아침을 많이 먹어서 12시에 배가 고프지 않은 경우도 있을 것입니다.

또한 점심시간이라고 해서 언제나 동료들하고만 밥을 먹을 필요도 없습니다. 오히려 사내 외의 교류 시간으로 활용할 것을 권합니다. 요즘에는 '점심활동'이라는 것이 유행하고 있습니다. 그 대표적인 예인 소셜런치는 같은 업계에서 일하는 사람끼리 만나서 함께 점심을 먹는 새로운 형태의 교류 방법입니다.

일류 레스토랑도 점심은 저녁보다 비싸지 않으니 젊은 사람일수록 적극적으로 비즈니스 런치를 활용하는 것이 좋다고 생각합니다.

한편 특별한 일정이 없어서 혼자 점심시간을 보내야 할 때는 어떻게 하는 것이 좋을까요? 그럴 때는 식후에 졸리지 않도록 식사를 거르거나 가볍게 먹습니다. 일부러 혼자 밥을 먹기보다는 일을 계속하다 점심시간이 끝나기 10~15분 전에 잠깐 자는 편이 오후의 능률 향상에 도움이 됩니다.

늘 같은 사람들과 먹는 것이 따분하다고 느껴진다면 점심시간 조금 전에 평소 이야기를 나눌 수 없었던 사장이나 상사를 찾아가 "잠깐 상의할 것이 있습니다"라고 말하는 것도 좋은 전략 중 하나입니다. 틀림없이 점심 정도는 사줄 것이고, 평소 들을 수 없었던 말도 듣게 될 찬스입니다.

**점심시간을 자신의 의지대로 활용하자.**

# 7

# 집중할 수 있는 환경을 만들어라

저(오가와)는 일반 책상과 스탠딩데스크를 구분해서 사용하고 있습니다. 일을 질질 끌고 싶지 않을 때는 후자를 사용합니다. 집의 서재에서도 스탠딩데스크를 사용합니다. 서점에서 책을 읽을 때 시간을 질질 끌며 읽는 사람이 없듯이 서서 일을 하면 집중력에 커다란 차이가 있습니다.

단, 가만히 앉아서 해야 하는 일에는 어울리지 않기 때문에 예를 들어 원고를 단번에 써내려가야 할 때는 스탠딩데스크에서 작업을 하고, 퇴고를 할 때는 앉아서 작업을 하는 등 용도에 따라 구분해서 사용하는 것이 중요합니다. 무슨 일에나 '절대로 옳은 것'은 없습니다.

물론 일반적인 회사원의 경우는 작업 공간을 마음대로 확보할 수 없을 테지만, 집중력을 높이는 방법은 있습니다. 그것은 평소 늘 머물고 있는 공간에서 일을 하지 않는 것. 엄밀히 말하자면 시각 정보를 바꾸어보는 것입니다.

**평소 책상 오른쪽에 있는 데스크탑으로 웹서핑을 하고 있다면 집중해서 일할 때는 왼쪽에 놓인 노트북으로 작업을 하는 등의 방법을 말합니다.** 작업환경에 여유가 있는 사람이라면 옆으로 긴 책상을 사서 미리 좌우의 용도를 구분해두는 것도 좋을지 모르겠습니다.

어떤 식으로 할지 자세한 방법은 각자 자유롭게 결정해도 좋지만 '집중할 때는 여기서!'라고 자신만의 규칙을 정해 그것을 습관화하는 것이 중요합니다. 습관화하면 그 환경에 몸을 두기만 해도 집중력이 높아지게 됩니다.

집중력을 향상시키는 것은 공간뿐만 아니라 음악이나 향기로도 가능합니다. 사람은 오감을 통해 자극을 받기 때문인데 이를 활용하지 않을 이유가 없습니다.

그런데 집중이라는 스위치가 들어왔다고 해서 집중력이 지속되는 것은 아닙니다. 사람의 집중력은 1시간 지속되면 좋은 편이라고 생각합니다.

제(마타노)가 권하고 싶은 것은 집중력의 지속 시간을 측정해보라는 것입니다.

스톱워치로 직접 시간을 재보는 것입니다. 예상외로 길다면 기뻐해야 할 일이겠지만, 의외로 짧다고 해도 비관할 필요는 없습니다. 시간을 잰다는 것 자체가 집중력을 낮게 하는 장치입니다.

**만약 집중력이 15분 동안 지속되었다면 그것은 신무기를 손에 넣은 것이나 다를 바 없습니다.** 15분 후에 회의가 시작될 예정이라면 지금까지는 어중간한 시간이라고 생각했으나 앞으로는 '운이 좋군! 15분이나 남았어. 무슨 일을 할까?'라고 생각하게 되기 때문입니다.

앞서도 몇 번이고 말했습니다만, 물론 중요한 점은 성과를 내는 것입니다. 집중력을 높이기 위한 세세한 노력은 철저하게 행해야겠지만, 아침에 일찍 일어나는 것과 마찬가지로 집중력은 수단에 불과합니다. 집중력이 자꾸만 떨어진다면 적당히 쉬어가며 일을 하면 그만입니다.

모쪼록 집중력을 높이는 작업에 너무 '집중'하지는 마시기를!

**자신의 집중력 지속 시간을 확인하라.**

# 8

# 타인의 시간도 가치로 전환해서
# 최대한의 성과를 올린다

저(오가와)는 회사의 업무 시작 시간에서부터 집으로 돌아가기까지의 시간은 기본적으로 타인에게 바치는 시간이라 생각하고 있습니다.

회사에 있을 때는 메신저와 라인을 늘 인식할 수 있는 상태로 두고 메시지가 오면 바로 답을 합니다. 메일이 오면 그것이 가령 세 줄짜리 보고 메일이라 할지라도 "읽었습니다"라는 한마디를 반사적으로 보냅니다. 답장이 너무 빨라서 "오가와 씨, 일은 하고 있는 겁니까?"라는 말도 흔히 듣습니다만 중요한 일은 아침에 끝냈기 때문에 크게 문제될 것은 없습니다. **오히려 '이 메일에 답장을 하는 편이 좋을까?'라고 생각하는 것 자체가 제게는 시간과 워킹메모리의 낭비입니다.**

흔히들 일을 잘한다고 여겨지는 사람들은 특히 반응이 빠르다는 특징이 있습니다. 경제학자이자 기업인인 오마에 겐이치〔大前

研一 씨도 곧잘 "일을 잘하는지 못하는지 지표는 그 사람의 반응 시간을 보면 알 수 있다"는 취지의 발언을 하고 있습니다. 어째서 반응이 빠른가 하면, 사람을 부지런히 움직이게 하면 일의 성과가 오른다는 사실을 체험을 통해 알고 있기 때문입니다.

예를 들어 이런 경우는 어떨까요?

부하로부터 기획서 검토를 의뢰하는 메일이 들어왔습니다. 그런데 당신은 자신이 담당하고 있는 클라이언트를 위한 기획서를 쓰고 있었습니다. 이에 자신의 기획서가 완성될 때까지 한나절 동안 답장을 보내지 않았다면, 당신은 기획서가 완성되어 만족할 테지만 부하는 넋을 놓고 기다리게 됩니다. 만약 **당신이 일손을 멈추고 그 자리에서 피드백을 주었다면 부하는 그 한나절을 이용해 보다 수준 높은 기획서로 가다듬을 수 있었을 것입니다.** 단 5분만 자신의 시간을 할애했다면 팀의 성과는 배가 되었을 것입니다.

이것이 시간의 레버리지(지렛대) 효과의 기본적인 사고입니다.

쉽게 말해서 '어떻게 하면 동시에 진행하는 일의 숫자를 늘릴 수 있을까?' 하는 발상입니다. 이 발상에 익숙해지지 않는 한 일에서 커다란 성과를 거두기는 어렵습니다.

샐러리맨의 감각에 완전히 빠져 있으면 '내가 이만큼 일하면 이 정도의 성과가 나온다'는 시간급적인 사고방식밖에 갖지 못하게 됩니다. 따라서 효율을 추구하는 것이 틀림없이 중요해지게 됩니다.

그런 면에서 회사원은 매우 축복받은 환경에 있다고 할 수 있습니다. 사내를 둘러보면 공짜로 쓸 수 있는 리소스(사람, 물건, 돈, 정보 등의 자원)가 얼마든지 있습니다. 부족한 부분은 비용을 치르고 외주를 줘야 하는 기업가 입장에서 보면 한없이 부러운 일입니다.

필요하다면 상사든 사장이든 가리지 말고 활용해서라도 숫자를 최단시간에 달성할 수 있도록 연구합시다. 상사에게 부탁하기를 어려워하는 사람도 많으나 회사의 목적은 어디까지나 팀을 이루어 성과를 내는 것에 있습니다. 그를 위해서 필요한 일은 적극적으로 할 필요가 있습니다.

리소스 활용의 달인이 되는 포인트는 다음 세 가지 점에 집약되어 있습니다.

① 자신이 흐름을 끊지 않는다.
② 타인의 시간을 가치로 전환시킨다.
③ 과정상의 정체를 해소한다.

**관리직은 개인의 능력보다 리소스의 활용도로 평가받습니다.**

젊은 시절에 리소스 활용법을 익혀두면 그 능력은 훗날 승진했을 때, 관리직 동료들 사이에서도 두각을 드러내기 위한 발판이 되어줄 것입니다.

그 시작으로 '메일은 즉답'이라는 자신만의 규칙을 세워보시는

것은 어떻겠습니까?

**동시에 진행할 수 있는 일을 늘리자.**

# 9

# 어떻게 해야
# 정시에 퇴근할 수 있을지 생각한다

야근에 의미는 없습니다. 빨리 퇴근하는 편이 회사에게도, 자기 자신에게도 좋습니다. 성과가 나지 않는데도 '저는 매일 밤 이렇게 늦게까지 노력합니다!'라고 자기 어필을 하고 있는 사람은 노력하는 것이 곧 성과라고 착각하고 있는 것입니다. 사람은 성과를 내기 위해서 노력하는 것일 뿐이지, **노력이란 필요악입니다.** 편하게 성과를 낼 수 있다면 당연히 그쪽을 선택하는 편이 좋습니다.

저(오가와)는 컨설팅 현장에서 시간이 없어서 고민이라는 사람과 자주 상담을 합니다만, 대부분의 사람들은 시간 분배를 잘못하고 있는 것입니다.

제가 클라이언트에게 구체적으로 묻는 것은 하루 중에 행하는 업무의 리스트와 각각에 들이는 시간입니다. 그것을 도표화해보면 모든 분들이 하나같이 참으로 폭넓게 일을 하고 계십니다. 그런데 제가 "종합상사로 키우시고 싶으십니까?"라고 물으면 대부분의 사람들이 "아니요. 전문점이 되고 싶습니다"라고 답하십니다. 전문점으로 한 가지를 고집하고 싶다면 '선택과 집중'에 철저해야 할 것입니다.

구체적으로 선택과 집중을 행할 때, 저는 다음과 같은 질문을 합니다.

① 하루의 업무 가운데서 줄일 수 있는 일은 무엇인가?
② 줄임으로 해서 일어나는 손해는 무엇인가?
③ 어떻게 해야 그 손해를 없앨 수 있는가?(혹은 정말 손해인가?)

이 세 가지 단계를 밟아 생각해보면 대부분은 본인의 입에서 답이 나옵니다. 다시 말해서 목표와 자신의 현상을 정리해본 뒤, '하지 않아도 될 일'을 결정해나가는 것만으로도 시간 활용도가 극적으로 변합니다.

이때 중요한 것은 **하루에 몇 시간 일하고 싶은가(일할 수 있는가)를 우선 정해두는 것입니다.** '하지 않아도 될 일을 정하는 작업'은 뺄셈과 같은 것이니, 만약 8시간밖에 일하고 싶지 않다(일할 수 없다)면 하지 않아도 될 일을 점점 늘려 8시간에 가까워지도록 할 수밖에 없습니다.

비즈니스맨의 기본 스킬인 논리적 사고를 어설프게 몸에 익히면 '완벽한 수순'을 지나치게 추구한 결과 무턱대고 과정에 집착하게 되어 '할 일'을 자꾸만 더하게 되기 쉽습니다(이를 프로세스 메타볼릭신드롬이라고 부릅니다).

하지만 일의 목적은 '완벽함'이 아니라 '성과'입니다.

실리콘밸리의 격언 중에 'Done is better than perfect(완벽을 목표로 삼기보다는 우선 일을 마쳐라)'라는 것이 있습니다. 무슨 의미인가 하면 '무엇이 있어야 보다 좋아질까?'가 아니라 '무엇이 있어야 행동할 수 있을까?(성과를 낼 수 있을까?)'를 먼저 생각하라는 말입니다. 사고의 순서를 바꾸기만 해도 '쓸데없는 노력'을 생략할 수 있기 때문에 결과적으로 행동하는(성과를 내는) 데 방해가 되는 장해물이 낮아지게 됩니다.

또한 쓸데없이 야근을 많이 하는 사람들의 공통점은 하나하나의 일을 단계별로 구분해서 생각하지 않는다는 것입니다. 저녁 무렵이 돼서 '그래, 기획서를 쓰자' 하고 일을 시작하면 끝이 명확하지 않기 때문에 어디서 일단락을 지어야 할지 알 수 없으며, 도대체 무엇부터 착수해야 할지도 알 수 없습니다.

상사의 명령에 비유하자면 다음과 같은 느낌일지도 모르겠습니다.

"일주일 후에 이번 기획서로 프로젝트에 대한 결제를 차장님께 받아야 하지? 우선은 시안을 만들어서 내일 과장님께 보여드리는 게 안전할 거야. 그때까지 필요한 데이터는 이거하고 저거하고…… 열 가지 정도 되네. 이걸 2시간 안에 모아보고 못 찾겠는 건 과장님과 상의하기 위해 항목별로 정리해두기로 하자."

단계별로 구분한다는 것은 **기간과 달성기준(무엇을 측정하는 것인가, 기준이 되는 자극역刺戟閾(감각을 일으키는 데 필요한 최소의 자극량 또는 물리적 에너지-옮긴이)은 어디인가)을 명확히 하는 것.** 각 단계에서 행해야 할 일도 '기획을 생각한다', '데이터를 모은다'는 애매한 표현으로 끝내지 말고 '기획서의 밑그림을 그린다', '공적인 정보를 조사하고 외국의 사례를 10개 수집한다'는 식으로 구체적인 동작까지 생각하는 것이 요령입니다. 이렇게 구체적으로 생각하면 '앗, 여기는 상사한테 확인을 받지 않으면 안 되겠다'는 식으로 과제나 문제점을 깨닫게 됩니다.

단계를 구분해서 생각하는 방법은 일을 맡았을 때도 마찬가지입니다. 일을 맡게 되었다면 그 기일과 기준을 반드시 확인하십시오. 그렇게 하지 않으면 스케줄을 짤 수 없기 때문에 끝이 보이지 않는 야근에 돌입하게 될지도 모릅니다.

사람들 중에는 일의 양이 너무 많아서 아무리 낭비하는 시간을 줄여도 매일 야근을 해야 하는 사람도 있으리라 생각됩니다. 그런 경우에는 '그런 상황이 평생 계속될 것 같은가?', '그것을 계속하고 싶은가?'라는 기준으로 판단할 수밖에 없습니다. 인생에서 무엇을 목표로 삼을지, 그리고 무엇을 행복이라 느끼는지는 사람에 따라 각각 다릅니다.

**분명히 말할 수 있는 것은, 앞으로 일을 효율적으로 해나가기 위한 야근이라면 얼마든지 오케이.** 그리고 자신이 비약할 수 있는 커다란 기회라 여겨지는 일이라면 회사에서 며칠을 묵어도 오케이. '고생은 한 번에 몰아서' 하는 편이 이상적입니다.

자기관리란 제약이 있기 때문에 필요한 것입니다. 만약 제가 잠을 자지 않아도 되는 특이체질로 돈도 얼마든지 가지고 있다면 절대로 좋은 일을 할 리 없을 것입니다.

일을 단계별로 구분해서 생각하는 습관을 기르자.

# '비서를 두는 것'은 일류의 습관일까?

비서를 두는 데에는 세 가지 서로 다른 측면이 있습니다.

① 자신의 시간을 자유롭게 쓰기 위한 '총무 기능'

② 자신의 생활을 보고 배우게 하기 위한 '후계자 육성 기능'

③ 자신의 지위를 높이기 위한 '자기과시 기능'


이 가운데 총무 기능으로서의 비서는 도구의 발전과 아웃소싱 업체의 증가로 예전만큼 필요성이 크지 않다고 말할 수 있습니다. 비서 없이는 일이 돌아가지 않는다면 당연히 고용할 수밖에 없으니 이는 일류인가 아닌가를 따질 필요도 없는 문제입니다.

두 번째로, 자신의 후계자를 육성하기 위한 부하로서의 비서는 자신의 사업에서 일정한 성공을 거둔 사람이라면 선행 투자라는 의미에서 적극적으로 채용하는 편이 좋다고 생각합니다.

마지막으로, 자기과시욕을 채우기 위한 비서는 완전히 취미의 영역입니다.

돈을 어떻게 쓸 것인가를 생각할 때, 일반적으로는 '돈을 쓴다/ 쓰지 않는다'라는 가로축으로만 생각하기 쉬운데, 중요한 것은 '돈을 번다/ 벌지 않는다'라는 세로축입니다.

이 가운데 '돈을 쓰지 않고, 돈을 벌지 않는다'는 영역은 이른바 살림살이의 영역. 결코 편안한 선택이 아니라는 것은 이해하고 있습니다만, 비즈니스에 관여하고 있는 한은 '돈을 번다'를 전제로 생각하지 않으면 안 되기에 돈이 아깝다는 이유만으로 비서를 두지 않겠다는 것은 위험한 발상입니다.

한편 '돈을 쓰고, 벌지 않는다'는 영역은 낭비의 세계입니다. 돈을 벌지 못한다는 사실을 알면서도 비서를 두겠다면 "마음대로 하십시오"라고 말씀드릴 수밖에 없습니다.

돈을 버는 것을 전제로 생각한다면 '돈을 써서 돈을 번다'는 투자의 세계. 비서를 고용함으로써 생기는 시간으로 비서에게 지불할 급여 이상의 돈을 벌 수 있는 경우입니다. 당연히 합리적인 판단입니다.

그리고 '돈을 쓰지 않고 돈을 번다'는 절약의 세계. 비서가 없어도 돈을 벌 수 있다면 일류 비즈니스맨이 될 수 있습니다.

# 3

인맥과 가능성을 확장시키는

# 밤의 습관

First-class night habits

# 비즈니스 교류는
# 취미라고 생각하라

이번 장에서 이야기할 비즈니스 교류란 세미나의 친목회, 동아리, 지역교류회 등을 말합니다. 이러한 것들을 편의상 오프 교류회라고 한다면, 온 교류회는 상공회의소가 주최하는 매칭 이벤트나 다른 업종과의 교류회 등 어디까지나 영업활동의 연장선에 있는 것을 말합니다.

비즈니스 교류의 이점은 자신보다 우수한 사람이나 자신이 모르는 세계의 사람들과 접함으로써 자극을 받고, 경험치가 오르고, 시야가 넓어진다는 데 있습니다. 새로운 인맥을 쌓거나 비즈니스 모델을 발견하는 것은 결과에 지나지 않습니다.

중요한 점은 교류회란 어디까지나 취미의 세계라는 것입니다. **돈벌이나 인맥 쌓기를 목적으로 삼는다는 것은 핵심에서 조금 벗어난 일인 듯합니다.**

서로 명함을 주고받기는 합니다. 회사의 간판을 등에 업고 있기도 합니다. 하지만 어디까지나 오프의 시간. 자신의 알몸을 내보일 필요까지는 없지만, 그렇다고 눈에 불을 켜고 덤빌 필요도 없습니다.

서로가 개인 대 개인으로 만나 꿈을 이야기하다 '이 사람과 무엇인가를 함께 하고 싶다'고 생각하게 되는 것이 이상적인 관계 구축의 흐름입니다.

저(오가와)의 경험에 의하면 오프 교류회에서의 만남이 일로 연결된 건수는 온 교류회의 다섯 배 정도. 상대방과의 접점이 '일'에 있는 것이 아니라 '가치관의 공명이나 관계성'에 있기 때문에 당연하다면 당연하다고 할 수 있습니다.

따라서 교류회에 나갔다고 해서 닥치는 대로 명함을 돌리는 행위는 필요하지 않습니다. 자신이 먼저 '자기홍보'에 나선 사람은 그 즉시 상대방의 기억에서 지워지고 맙니다. 하물며 경험이 미천한 사람이 일류들이 모인 교류회에 참가해서 자신을 어필한다한들 상대해주지도 않습니다. 겸손한 자세로 일류들의 이야기를 듣는 편이 그나마 얻는 게 많으리라 여겨집니다. **명함을 100장 돌리기보다 매력적인 사람 하나를 발견해서 이야기를 나누는 편이 훨씬 더 가치가 있습니다.**

교류회에 처음 참가하는 것이라면 여러 번 참가한 경험이 있는 사람을 따라가는 것이 좋습니다. 회장에 들어서서 누군가 소개를 시켜달라고 말하면 됩니다. 소개를 해주면 자기홍보가 아니기 때문에 상대방도 대등(적어도 소개자와 동등)하게 봅니다. 이런 출발점을 얻을 수 있다는 것은 커다란 이점입니다.

만약 아는 사람이 한 명도 없다면 주최자에게 소개를 부탁하거나 자신의 직감에 의지할 수밖에 없습니다.

교류회는 선 채로 음식을 먹는 형식이 많습니다. 입식 파티에서 가장 좋지 않은 것은 사람을 소개받을 때 음식을 입에 물고 있거나 두 손에 음식을 들고 있는 것. 맛있는 음식을 앞에 두고 참는 것은 고통이기에 **저는 입식 파티에 참가하기 전에는 반드시 메밀국수나 바나나를 먹습니다. 회비를 음식으로 회수하겠다는 발상은 조금 초라하게 느껴집니다.**

그리고 교류회에 참석하면 무엇인가를 얻어 돌아가야 한다는 생각도 버리는 것이 좋습니다. 교류의 기본은 먼저 주는 것. '어떻게 얻을 것인가가 아니라, 어떻게 줄 것인가'입니다.

만약 무엇인가를 얻어서 돌아갔다면 그것은 상대방에게 도움이 되는 무엇인가를 발견했다, 혹은 그 자리에서 도움을 주었다는 사실이 되어야 할 것입니다. 그로 인해서 인연이 계속된다는 사실을 의미하기 때문입니다.

상대방에게 무엇 하나 줄 것이 없는 상태에서 상대방으로부터 무엇인가를 빼앗으려 하는 자세를 보이는 순간 틀림없이 상대를 해주지 않을 것입니다. 그 사람의 사업을 자신의 블로그에서 소개하는 등의 조그만 일이라도 상관없으니 그 사람에게 무엇을 줄 수 있을지 생각하는 것이 중요합니다.

교류회에 처음 참가했는데 아무것도 얻지 못했다고 해서 걱정할 필요는 없습니다. 사람과의 인연은 그렇게 간단히 맺어지지 않습니다.

하지만 교류회에 열 번 참석했는데도 무엇 하나 얻지 못한 경우라면 '지금의 나에게는 타인에게 줄 만한 것이 없다'고 판단하는 것이 타당할 것입니다. 지금의 일에 조금 더 전념하는 편이 좋으리라 여겨집니다.

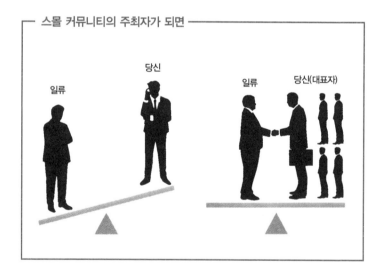

┌─ 스몰 커뮤니티의 주최자가 되면 ─

일류　　당신

일류　　당신(대표자)

지금까지는 교류회에 '참가'하는 것을 전제로 한 이야기였으나, 발상을 완전히 바꾸어 자신이 '주최'하는 것도 하나의 방법이 됩니다. 특히 요즘에는 온라인상에 스몰 커뮤니티가 난립하고 있으니 운영 노하우 등은 몇 개의 교류회에 자신이 직접 나가보면 배울 수 있습니다.

이때 규모에 연연할 필요는 없습니다. 회원이 열 명이라 할지라도 사람들이 보기에 당신은 그 열 명의 대표자입니다. 개인 대 개인으로는 상대가 되지 않는, 일류라 불리는 사람과 만났을 때 명함을 건네주는 대신 "그 말씀, 회원들에게도 소개하겠습니다"라고 말할 수 있다는 것이 가장 커다란 강점입니다.(옆의 그림) 주최자들끼리의 네트워크도 있기 때문에 다른 그룹까지 묶으면 백명, 천 명의 대표자가 될 수도 있습니다.

**인맥의 기본은 상대방에게 도움이 되는 일을 찾아내는 것.**

# 저녁시간은
# 사람들에게 양보하라

저는 1년에 300번 회식을 합니다. 낮과 마찬가지로 저녁시간은 사람들에게 내준다는 생각을 갖고 있기 때문에 기본적으로 제안을 받으면 참석하고 제가 앞장서서 자리를 만들기도 합니다. 단, 다음과 같은 회식은 피하도록 습관을 들였습니다.

### ① 공통 주제가 없는 회식
조금이라도 공통된 주제가 있으면 무엇인가를 만들어낼 수 있을 테지만, 모임의 목적을 알 수 없는 자리에 가는 것은 역시 망설여집니다.

### ② 자신이 무엇 하나 줄 것이 없으리라 여겨지는 회식
제가 무엇인가를 줄 수 있는 자리에는 적극적으로 참석합니다. 상대가 저보다 윗사람이라 할지라도 '도움'을 주는 일은 가능하니까요. 특별히 골목대장이 되겠다는 의미는 아닙니다. 남들에게 무엇인가를 주는 대가로 돌아오는 것은 신용입니다. **신용이란 복리계산으로 늘어나는 법인데, 복리이기 때문에 일정 정도의 신용을 쌓으면 그때부터는 줄어드는 일 없이 늘어나기만 합니다.** 반대로 제가 받아야 하는 입장이라면 그 회식에는 참석하지 않습니다. 처음부터 빚을 지면 그 위치가 뒤에도 계속 이어져 장기적으로 보자면 제게 커다란 마이너스가 되기 때문입니다.

③ 이율이 낮다는 사실을 알고 있는 회식

신용(시간, 돈, 노력)을 투자해도 이율이 낮다고 판단한 경우에는 다시 제안을 받아도 참석하지 않습니다. 이율을 알지 못한 채 처음으로 참석한 자리는 필터링의 시간이라 생각하고 있습니다.

④ 야근처럼 느껴지는 회식

상사나 선배에게 반강제적으로 끌려가는 회식을 말합니다. 굳이 술자리를 빌려 하는 얘기 같은 것은 필요 없습니다. 커뮤니케이션을 원활히 할 목적이라면 평소부터 소통이 잘되는 직장을 만들어야 할 것이며, 평소의 좋지 않은 점을 만회하는 것이 목적이라면 근본적인 해결책이라고 할 수 없습니다. 또 스트레스 해소가 목적이라면 더더욱 시간을 같이 보내서는 안 된다고 생각합니다.

사람들과 회식을 할 때 기본적으로는 비즈니스와 사적인 일 사이에 선을 그을 필요는 없습니다. 중요한 고객을 대접할 때와 대학 동기들과 마실 때, 떠들어대는 정도와 화제에 차이는 있을 테지만 기본적으로 같은 감각으로 마시면 된다고 생각합니다.

모처럼 만의 회식 자리인데 접대라고 해서 야근을 하는 듯한 느낌으로 술을 마셔서는 즐겁지가 않으며, 사적인 자리라고 해서 일에 대한 이야기를 제한한다면 그 역시 재미가 없을 것이라 여겨지지 않습니까?

**공公과 사事 사이에 선을 그을 필요는 없다.**

## 3

# "오늘은 적당히 마시겠습니다"는 금물

　　　　　같이 술을 마시는 사람한테 "내일 중요한 회의가 있으니 오늘은 적당히 마시겠습니다"라고 말하는 것은, 달리 표현하자면 "당신과의 만남에는 제한이 있습니다"라고 하는 것과 다를 바 없습니다. 특히 지금부터 교류의 깊이를 더하려는 사람에게 해서는 안 될 말입니다.

　술자리 때문에 다음 날의 생산성이 떨어질 것 같으면 그것을 예측해서 스케줄을 짜야 합니다. 그것이 자기관리입니다.

　다이어트처럼 **자신의 컨디션을 유지하기 위해 24시간 전체를 생각할 필요는 없습니다.** 우리는 수행승이 아니기 때문에 매일을 계획대로 보내지 않아도 됩니다. 술을 마실 날을 알고 있다면 전날부터 일과 컨디션 조절을 시작하고 이튿날은 회복에 힘쓰는 등, 3일 정도의 기간으로 생각하면 얼마든지 컨트롤할 수 있습니다.

　'단기적으로는 즐겁게, 장기적으로는 노련하게.'

이것이 자기관리의 이상적인 모습입니다. 단기적으로는 어쨌든 인생을 즐기고, 장기적으로 봤을 때 '뜻대로 진행되고 있다'고 여겨진다면 합격.

따라서 도박이나 연재만화, 드라마 등 단기적으로는 즐겁지만 의존성이나 계속성이 있는 오락은 장기적 계획이 무너지기 때문에 권하고 싶지 않습니다.

반대로 '술은 하루에 두 잔까지만' 등처럼 금욕주의자와 같은 습관의 경우는 단기적으로 봤을 때 인생이 즐겁게 느껴질지 과연 의문입니다. 예를 들어 절친한 친구의 결혼식장에 가서도 "나는 두 잔밖에 마시지 않아" 하고 끝까지 거절할 수 있을까요? 만약 그런 날만은 마신다고 한다면 그 규칙 설정 자체에 문제가 있는 것입니다.

**단기적으로는 즐겁게, 장기적으로는 노련하게.**

# 4

# 가족과의 시간은 양보다 질

가족과의 시간을 어떻게 확보할 것인가?

바쁜 회사원에게는 영원한 숙제입니다. 시간을 만드는 요령에 대해서는 이 책에서도 몇 번이고 언급했지만, 아무리 궁리를 해봐도 가족과 보낼 시간을 늘릴 수 없다면 시간이 아니라 질을 바꿔보는 건 어떨까요?

저는 연일 계속되는 회식과 4시에 일어나는 생활 때문에 아침밥을 먹을 때 정도밖에는 가족과 시간을 보내지 못합니다. 그에 대한 보상이라고는 할 수 없지만 아내와 있을 때는 이탈리아인에게도 지지 않을 정도로 애정표현을 하며, 집안의 자산관리도 일부를 맡기고 있습니다. 비유적으로 말하자면 배우자는 '○○가족 주식회사'의 공동경영자인 셈이니 각자가 역할을 분담해서 지속적으로 발전해나가는 것이 이상적입니다. 부담이 한쪽으로 치우치거나 일방적으로 인내심을 요구하는 것은 좋지 않습니다.

가정봉사 가운데 당장 실행할 수 있는 것으로 **가족여행 날짜를 가족에게 선택하게 하는 것은 어떨까요?** 일주일 뒤의 예정이라면 어려울지도 모르겠지만 3개월 뒤의 예정이라면 대부분은 시간이 날 것입니다. 일정을 잡을 권리를 넘겨주는 것은 상대방에게 최고의 경의를 표하는 것이라고 말했습니다만, 그것은 당연히 가족에 대해서도 마찬가지입니다. 함께 보내는 시간은 적지만 우선순위는 제일 위에 있다는 사실을 전달할 수 있습니다.

가족에게 무슨 일인가가 일어났을 때 바로 움직일 수 있게 해두는 것도 커다란 위로가 됩니다. 자녀가 갑자기 고열 증상을 보일 때 남편이 일을 중단하고 집으로 달려가는 등, 말뿐만 아니라 실제로 움직일 수 있느냐 하는 것이 중요합니다.

물론 가족과의 시간을 최우선으로 생각하는 삶도 있습니다. 그것 역시 훌륭한 삶이라고 생각합니다. 요는 자신에게 무엇이 중요하다고 생각하느냐, 입니다.

> **함께하는 시간이 적더라도**
> **가족이 최우선이라는 것을 알려줘라.**

# 5

# 자는 동안에도
# 뇌가 일을 하도록 한다

꿈은 잠을 잘 때 그날 뇌 안으로 입력되었던 복잡한 정보를 뇌가 정리하는 과정에서 꾸게 되는 것이라는 얘기가 있습니다.

인간의 뇌로는 매일 방대한 양의 정보가 들어옵니다. 의식적으로 받아들인 정보 외에도 버스나 지하철에서 멍하니 바라보았던 광고판의 문구에서부터 동료가 매고 있던 촌스러운 넥타이의 무늬까지 온갖 정보가 뇌 안에 담겨 있습니다. 밤이 되면 머릿속은 잡탕처럼 되어버립니다.

이런 특성을 생각해봤을 때 밤늦게 회사나 집의 서재에서 생각에 잠긴다 한들 이렇다 할 결과가 나오지 않는다는 것은 쉽게 이해할 수 있는 일입니다.

**결단을 내리거나 기획서를 쓰는 등 사고력을 필요로 하는 작업은 머리가 맑은 오전 중에 마치고 머리를 쓰지 않아도 되는 작업은 나**

**중에 하는 것이 기본입니다.** 머리로는 알고 있으나 습관화하고 있는 사람은 얼마 되지 않습니다.

잠들기 직전에 적합한 작업은 뇌가 정보를 정리해줄 것을 기대한 인풋 작업입니다. 구체적으로는 학습 목적의 독서(암기)와 질문을 만들어보는 것.

질문을 만드는 것이란, 말 그대로 답에 다가가기 위한 물음을 결정하는 것입니다. 이것이 결정된 시점에서 그날의 작업은 끝입니다. 질문을 만드는 것으로 뇌 안의 정리방법에도 변화가 생겨 아침에 일어났을 때 해답이 떠오르는 경우도 있습니다.

어차피 잠을 자야 한다면 잠든 동안 뇌의 잠재력을 활용하지 않을 이유가 없습니다. 매일 밤 회사에서 생각을 하는 사람은 '질문을 만들고 나면 귀가'하는 방법으로 바꿔보는 것만으로도 시간과 성과를 얻을 수 있을지 모릅니다.

> **밤은 질문을 만드는 시간으로 쓰자.**

# 6

# 하루의 계획은
# 수면시간을 정하는 것부터

　　많은 사람들이 일찍 일어나는 것은 오랜 시간 활동하기 위해서라고 착각하고 있습니다. 그래서 일찍 일어나는 사람들은 잠을 적게 자는 사람이라고 잘못 생각하기도 하는데, 저의 수면시간은 6~7시간입니다. 아무런 예정이 없으면 저녁 8시에 잠을 자고, 회식이 있는 날에도 밤 10시에는 잠자리에 듭니다. 2차까지 참석한 경우에는 다음 날 낮잠으로 보충합니다.

　수면은 체력과 집중력의 근원. 따라서 하루의 계획을 짤 때 수면시간부터 정하는 것은 너무나도 당연한 일입니다. 그렇다면 일찍 일어나기 위해서는 몇 시에 일어나느냐가 아니라 몇 시에 자느냐가 더 중요하다는 사실을 금방 알 수 있으리라 여겨집니다.

　유명한 경영자 가운데 하루에 3시간밖에 잠을 자지 않는다는 사람을 곧잘 볼 수 있는데 그 사람이 7시간 수면을 취하면 더 훌륭한 일을 할 수 있지 않을까 하는 생각이 들곤 합니다. 무엇보다

잠을 적게 자는 사람은 타고난 체질이니 그 체질이 아닌 사람이 흉내를 냈다가는 죽음을 재촉할 뿐입니다.

비즈니스맨이 일찍 자기 위해서는 집에 돌아와서 어영부영 시간을 보낼 여유가 없습니다. **독신 시절, 저는 집에서 어영부영 시간을 보내면 수면시간이 줄어들기 때문에 그 유혹을 끊기 위해서 텔레비전과 소파와 침대를 버렸습니다.** 왜 침대까지 버렸느냐 하면, 소파를 치우고 나자 침대에서 뭉그적대기 시작했기 때문입니다(매트리스를 사서 벽에 기대어 세워놓기로 했습니다).

자신의 의지가 약한 것은 바꿀 수 없지만 그 유혹을 멀리할 수는 있습니다. 결혼한 지금도 집에는 텔레비전과 소파와 침대가 없습니다. 그리고 스마트폰도 자기 전에 보기 시작하면 1시간 정도는 순식간에 지나가버리기 때문에 침실에는 가지고 들어가지 않습니다.

편안히 쉬는 것은 체력을 회복하기 위해 하는 행위인데 **육체노동을 하지 않는 회사원에게 편안히 쉬는 것이 정말 필요한지는 의문입니다.** 무엇보다 수면만큼 체력 회복에 좋은 것도 없는데 그 시간을 줄여가면서까지 소파에서 쉬는 이유를 이해할 수 없습니다. 오히려 회사원에게는 기분전환이 필요할 테지만, 이것도 평소 수면 부족을 자각하고 있는 바쁜 사람이라면 수면보다 더 좋은 기분전환도 없을 것입니다.

인생에 있어서 수면 부족은 야근과 같은 것입니다. 수험 공부처럼 한정된 기간에 행하는 것은 가능하지만 평생 행하는 것은 불가능합니다.

일찍 일어나는 습관을 들이려면 밤에 노는 시간을 희생해야 합니다.

어쨌든 저는 한정된 시간 안에 어떻게 해야 일의 성과를 올릴 수 있을까를 검토한 결과 밤에 노는 시간은 '하지 않아도 될 일'이라고 판단했을 뿐입니다.

'좋은가, 나쁜가'로 선택할 수 있는 일은 사실 세상에 얼마 되지 않습니다. 자기관리란 '수많은 좋은 방법' 중 어떤 것을 선택할지를 생각하는 일이기도 합니다.

**인생에 있어서 수면 부족은 야근과 같은 것.**

# '설과 추석에 반드시
# 선물을 보내는 것'은 일류의 습관일까?

선물은 '무엇을', '언제', '왜' 보내느냐로 생각해볼 수 있습니다.
설과 추석에 '왜' 선물을 보내는가 하면, 평소의 감사하는 마음을 전하고 싶기 때문일 것입니다. 하지만 현실에 있어서는 시즌이 되면 주요한 자리에 있는 사람일수록 많은 선물이 도착하기 때문에 당신이 보낸 '마음의 가치'가 떨어지는 것이 눈에 보이는 듯합니다.

저(오가와)는 설이나 추석에는 선물을 보내지 않습니다. 그 대신 상대방 부인의 생일 등과 같은 때에 선물을 자주 보냅니다. 다른 사람들이 모르는 내부정보(가족의 생일, 기념일 등)를 바탕으로 '언제'를 결정하면 친밀감과 희소성을 연출할 수 있습니다. 참고로 지인의 생일이나 새해를 축하하는 메일도 "기다릴 수가 없어서" 하며 전날 밤에 보내면 가치가 훨씬 올라갑니다. "성급하기는……"이라는 소리를 들을지 모르겠으나 싫어할 사람은 아무도 없을 것입니다.

'무엇을' 보낼 것인가에 대해서는, 선물을 고르는 데 시간을 들이지 않는 것이 포인트입니다. 자신이 직접 최신 정보를 입수하려면 시간이 걸립니다. 제일 간단한 것은 전문가에게 물어보는 것입니다. 예를 들어, 떡은 떡집에 가서 점원에게 '상대, 예산, 의도'를 먼저 말하면 그 사람도 프로이니 바로 가장 좋은 것을 골라 줄 것입니다.

선물을 고르는 방법 중에 또 한 가지 빠뜨릴 수 없는 것은 자신이 받았던 선물 중에 기뻤던 것을 기억해두는 것입니다. 누군가에게 선물을 받은 뒤 '좋은데!', '센스가 있어!'라고 생각되었다면 인터넷에서 찾아 북마크 해두면 끝. 북마크의 '이름'은 얼마든지 바꿀 수 있으니 거기에 '○○에게 보내는 선물은 이것!'이라는 등의 메모를 해놓으면 필요할 때 순간적으로 쓸 수 있습니다.

또한 대부분의 선물에 해당되는 말인데 '받는 사람 본인이 기뻐하는 것'이 아니라 '본인의 체면을 살려주는 것'을 선택하는 것은 기본 중의 기본입니다(예를 들어 부인이나 사무원이 기뻐하는 것). '체면을 살려주는 은인'이 되면 당신의 주가도 상승합니다.

이왕 보내는 선물이니 최대한의 효과를 거두도록 합시다.

# 4

뇌와 몸을 가볍게 해주는
# 매일의 습관
First-class daily habits

# 1

# 아이디어를 생각할 때의 요령

하루 동안 해야 할 일의 일정을 세웠다 할지라도 그 일정에 따라 정해진 시간에 아이디어를 생각해내는 것은 모든 일 가운데서도 가장 성과를 예측하기 어려운 작업입니다. 사무 작업이라면 결과나 소요시간을 어느 정도 예상할 수 있지만 아이디어를 생각할 때는 그렇지가 않습니다. 따라서 자신의 일을 잘 컨트롤하지 못하면 많은 시간을 빼앗길 우려가 있습니다.

예를 들어 책을 기획한다고 생각해봅시다.

대부분의 사람들은 '좋은 기획을 세우자'며 고민하기 시작할 테지만, 그것은 올바른 목표 설정이 아닙니다. '좋은 기획이란 무엇인가?'를 결정해놓지 않았기 때문입니다.

화제가 될 만한 책이 좋을지, 5만 부는 확실히 팔릴 책이 좋을지, 그것도 결정하지 않은 채 밤을 새워 기획서를 써봐야 주제는 명확하지가 않습니다. 그랬다가는 편집장에게 "말도 안 되는 소리"라는 한마디로 거절당해 공황상태에 빠질 것이 뻔합니다.

**회사원에게 있어서 가장 확실한 목표 설정은 '이것을 거절하는 사람이 있다면 바보다'라고 여겨지는 아이디어를 생각해내는 것입니다.**

그러기 위해서는 상사의 생각(판단기준)을 알아야 합니다. 회사의 방침과 부서의 전략, 그리고 상사의 성격에 따라서 '좋은 기획'의 정의는 달라집니다. 시장 환경 역시 시시각각으로 변하니 단 하루 만에 상사의 생각도 바뀔 가능성이 있습니다.

갑자기 방향도 모른 채 망망대해로 뛰어들기 전에 하다못해 커다란 틀이라도 정해두는 게 좋을 것입니다. 혹시 자신의 힘으로 모든 기획을 생각해야 할 때라 할지라도 자기 나름대로 '좋은 기획'의 정의를 생각해두어야 합니다.

도시락 가게에서 새로운 메뉴를 계발할 때 도시락의 크기와 예산, 그리고 주요 고객층을 결정한 뒤 메뉴를 생각하는 것과 같은 작업입니다.

상사의 생각을 들어보고 자신의 생각과 차이가 있다는 사실을 알았다면, 그것은 바로 고민을 위한 출발점에 선 셈입니다. 설령 상사에게 자신의 생각을 말했다가 야단을 맞았다 해도 실망할 필요 없습니다. 사고의 수렁에 빠지지 않게 해준 것만 해도 감사한 일입니다.

목표 설정이 끝났다면 다음은 실제로 아이디어를 생각하는 단계로 들어갑니다. 이것도 단번에 최종목표를 이루려고 하면 어려움에 빠지고 맙니다.

**아이디어를 생각하는 것의 기본은 발산과 수렴. 생각할 수 있는 모든 안을 내는 단계와 이것이다 싶은 것을 선택하는 단계로 나뉩니다.**

그리고 이것도 하나의 일이니 기한이 있으리라 여겨지는데 기한에서부터 역산해서 '언제까지 안을 몇 개 내고, 언제까지 몇 개로 정리하자'고 미리 아이디어를 내기 위한 틀을 결정해두는 것이 중요합니다. 각 단계에서 '전부 짜냈다!', '완벽히 정리했다!'고 자신 있게 말할 수 있다면 아이디어 생각하기의 한 과정이 완결된 것입니다.

그 도중에 완벽하다고 여겨지는 아이디어가 나왔다면 그것은 굉장한 이득. 남은 시간에 다른 일을 하면 됩니다. 목표도 틀도 정해놓지 않으면 기적적으로 완벽한 기획을 얻게 되었다는 감동도 느낄 수 없습니다.

하지만 이거다 싶은 아이디어와 조우할 가능성은 그리 높지 않습니다. 세계적으로 일류라 여겨지는 크리에이터라 할지라도 하나의 빛나는 아이디어 뒤에는 수백, 수천의 실패작이 존재합니다. 단번에 떠올리겠다는 건 꿈과 같은 이야기입니다.

그렇기 때문에 발산 단계에서는 숫자에 집착해야 합니다.

수렴할 때는 처음 정한 목표 설정을 판단기준으로 삼아 고민에 고민을 거듭해야 합니다. 산고는 발산보다 수렴의 단계에서 더 심할지 모르겠으나 지적 노동의 백미를 마음껏 맛볼 수 있는 순간입니다.

아이디어를 생각할 때는 카페가 좋다는 등의 말을 자주 듣곤 하는데 어디서 고민하는 것이 좋은지는 사람에 따라서 다릅니다. 단, 제 느낌에 의하면 신선한 아이디어를 떠올리고 싶을 때일수록 현장(직장)과 관계가 없는 곳에서의 일정한 시간을 확보하는 것이 효과적이라는 생각이 듭니다.

**빛나는 아이디어 뒤에는 수많은 실패가 있다.**

## 2

# 판단할 때는 대극축對極軸을
# 생각하는 버릇을 들여라

　　　　　자신이 절대로 옳다고 생각되는 일에도 반대 의견은 반드시 존재합니다. 이를 '대극축의 발상을 갖는다'고 말합니다. 넓은 시야와 고도의 교섭술이 요구되는 비즈니스맨이 가장 먼저 갖추어야 할 스킬입니다.

　회의에서 당신이 무엇인가를 발표했다고 합시다. 그러면 대부분은 누군가가 날카롭게 비판하거나 반론을 가합니다. 거기에 대해서 아무런 말도 하지 못한다면 대극축을 상정하지 않았다는 증거입니다. 일류라 여겨지는 사람은 대극축을 이미 생각해두었기에 반대 의견이 나와도 그 자리에서 반론할 수 있습니다.

　평범한 샐러리맨은 성격적으로 쉽게 꺾이고 흔들리기 때문에 상사가 호되게 이야기하면 곧 의견을 바꾸거나 의기소침해집니다. 그런 사람일수록 자신의 판단에 대한 비판을 미리 염두에 두었다가 실제로 무슨 말인가를 들으면 '이럴 줄 알았어!'라고 생각할 수 있을 만큼의 준비를 해둘 필요가 있습니다.

단, 자신이 내린 판단의 '기준'을 알지 못한다면 반론을 가할 수가 없습니다. "자네는 왜 A사를 추천하는 거지?" 하고 상사가 물었을 때, "그냥요"라고 답해서는 말이 되지 않습니다.

사람이 무엇인가를 판단할 때 필요한 것이 기준입니다. 점심 메뉴를 가지고 고민할 때도 사람은 양, 가격, 맛, 건강 등 몇 가지 기준을 조합해서 메뉴를 하나로 정하는 법입니다.

머리를 감싸 쥐고 고민하는 사람이 있다면 무엇을 기준으로 고민하고 있는지 물어보시기 바랍니다. 대부분의 사람들은 자신이 무엇 때문에 고민하고 있는지조차 모릅니다. "업무 제휴사로 검토하고 있는 A사와 B사 중 어느 쪽의 장래성이 더 높은지 판단 중입니다"라는 식으로 명확한 기준을 알고 있다면 올바로 고민하고 있다는 증거입니다.

그런데 A를 기준으로 생각하면 X사, B를 기준으로 생각하면 Y사가 좋겠다고 여겨질 때처럼, 기준에 따라서 결과가 달라지는 경우에는 판단에 애를 먹습니다. 바로 이럴 때 필요한 것이 상사입니다.

**다시 말해서 판단을 내리는 행위는 기준을 생각하는 행위이기도 합니다.**

기준을 활용한 사고방법 중에서 권하고 싶은 것이 바로 매트릭스matrix 사고입니다.

매트릭스 사고란 대극축(기준)을 2개 사용하는 방법으로 세로축과 가로축으로 나뉘는 4개의 영역으로 일을 생각합니다. 20쪽에서 소개한 '하고 싶다/하고 싶지 않다'와 '성과가 나온다/성과가 안 나온다'의 도식이 바로 매트릭스입니다.

어째서 2개의 영역(한 가지 기준)이 아니라 4개의 영역(두 가지 기준)을 이용하는가 하면, 2개의 영역밖에 없으면 선택할 수 있는 것이 한정되어버리기 때문입니다(수학적으로 말하자면 유한확정치).

쉽게 설명하도록 하겠습니다.

처음에 들었던 매트릭스가 가장 좋은 예인데 무엇을 자기관리의 대상으로 삼을 것인가를 생각할 때, '하고 싶다/하고 싶지 않다'만을 기준으로 삼으면 '하고 싶지 않다'의 영역에 포함되는 것은 누구도 선택하지 않습니다. 다시 말해서, 어떤 일을 '좋다/나쁘다'로만 판단하면 '나쁘다'에 포함된 영역이 사라져버리고 맙니다. '좋아한다/싫어한다', '득이다/실이다', '편하다/귀찮다'도 마찬가지입니다.

그런데 거기에 기준이 한 가지 더 있습니다. '성과가 나온다/성과가 안 나온다'를 적용하면 '하고 싶지 않다'의 영역 가운데서 다시 선택의 가능성이 부활하게 됩니다. 예를 들어 '득이다/실이다', '상사가 기뻐한다/기뻐하지 않는다', '호평을 얻는다/악평을 듣는다' 등 다른 기준을 적용해도 역시 어떤 선택의 가능성이 생기게 됩니다.

**하나의 기준만으로는 사라져버릴 가능성이 있는 영역이라도 기준을 2개로 하면 선택 영역이 무한대로 펼쳐집니다.**(아래 그림)

그리고 일단 사라졌던 영역이 부활했다는 것은 그 영역을 선택하는 사람(경합)이 적다는 말입니다. 이것이 만약 신규 비즈니스에 대한 설계라면 독점시장을 노릴 수 있다는 말이 되기도 합니다.

갑자기 2개의 기준으로 생각하기가 어렵다면 우선은 대극축을 몇 개가 되었든 써보는 것부터 시작해보시기 바랍니다. 머리로 생각하는 것이 아니라 종이에 써보는 것이 중요합니다(A4 노트를 권합니다). 그것을 바라보고 있으면 '이것과 이것을 조합하면 되려

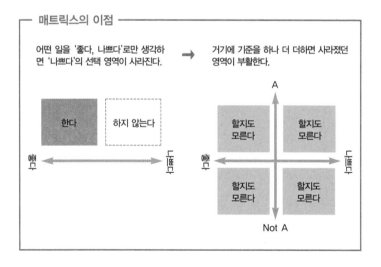

━ 매트릭스의 이점 ━

어떤 일을 '좋다, 나쁘다'로만 생각하면 '나쁘다'의 선택 영역이 사라진다. → 거기에 기준을 하나 더 더하면 사라졌던 영역이 부활한다.

나' 하고 희미하게나마 보이기 시작합니다. 배움보다는 익숙해지는 것이 더 중요한 세계입니다.

매트릭스는 사고의 축을 넓히는 데 최대의 효과를 발휘하는 것이지 반드시 정답이 나오는 것은 아닙니다. 기준을 잘못 설정하면 잘못된 판단을 내리게 되는 경우도 있지만 한 번 실패를 경험하면 다음부터는 다른 기준을 사용할 수 있게 됩니다. 기준치가 있기 때문에 이상치가 있는 법입니다.

> **매트릭스 사고의 이점을 활용하자.**

# 인식의 어긋남을 깨달아
# 습득력을 높여라

육상선수 출신 방송인인 다케이 소〔武井壯〕 씨가 예전에 후지TV의 〈웃어도 돼!〉에서 재미있는 이야기를 한 적이 있었습니다. 인식의 차이에 대한 이야기였습니다.

선 상태에서 눈을 감고 두 팔을 수평이 되는 위치까지 올려봅니다. 여기에 참가했던 다모리夕モリ 씨의 팔은 수평보다 약간 낮은 위치에서 멈췄습니다. 본인은 수평이라고 생각했지만 실제로는 아니었습니다. 이것이 체간體幹의 어긋남이자 인식의 어긋남입니다.

이에 다케이 씨가 그 팔을 움직여 정확히 수평이 되는 위치를 가르쳐주었습니다. 다모리 씨는 여전히 눈을 감은 채 수평이 되는 위치를 몸으로 기억했습니다. 그러자 이번에는 정확히 수평이 되는 위치까지 팔을 올릴 수 있었습니다.

야구로 말하자면 방망이로 공을 치고 싶은데 실제로는 공의 아래를 휘둘러버리는 상태. 그 상태에서 공을 치기 위해서는 의식적으로 방망이를 높이 휘둘러야 합니다.

그 경우, 무엇이 문제인가 하면 범용성이 생겨나지 않는다는 점입니다. 어긋남에 억지로 몸을 맞추고 있는 터일 뿐이니 위화감에 익숙해진 것일 따름입니다. 그 상태로 아무리 반복연습을 해봐야 스킬의 습득으로 이어지지는 않습니다. 몸이 약간 피곤할 때나, 골프 등에서 그 스윙을 응용할 때는 아마도 공을 제대로 치지 못할 것입니다.

인식의 어긋남이 있으면 단기적으로는 성과를 낼 수 있을지 모르겠지만, 성과를 계속해서 낼 수는 없습니다. 비즈니스 역시 마찬가지여서 드러커도 "성과를 내는 사람은 파악하는 것에서부터 시작한다"라고 말했습니다.

그러한 예가 자신의 시간을 쓰는 방법입니다.

"당신은 평균적으로 하루를 어떻게 쓰는지 가르쳐주십시오. 영업에 몇 시간, 보고서 작성에 몇 시간, 웹서핑에 몇 시간, 이런 식으로 가능한 한 구체적으로 말씀해보십시오."

지금 당신이 머릿속으로 상상한 것이 다모리 씨의 두 팔입니다. 아마도 '실제'와 어긋나 있을 것입니다. 다시 말해서 **나는 이렇게 보낼 생각이었다는 예정과, 실제는 이랬다는 결과의 어긋남이 당신의 생활 리듬과 일하는 방법을 엇나가게 해서 '이게 아니었는데' 하고 고민하는 결과로 이어지고 있을 가능성이 있습니다.**

실제의 시간을 엄밀하게 측정해주는 스마트폰 전용 어플리케이션이 있습니다. 약간 수고스럽기는 하지만 현상을 올바로 파악할 수 있다는 사실을 생각하면 그 정도의 수고는 아깝지 않습니다.

비즈니스맨에게 있어서 시간의 분배는, 곧 경험치의 분배에 다름 아닙니다. 자신이 키우고 싶은 스킬에는 1시간밖에 투자하지 않고 스마트폰을 만지작거리는 데 3시간, 경험치를 쌓는 데 도움도 되지 않는 일상 업무에 5시간이나 쓴다면 성과가 나올 리 없습니다.

**현상과 문제를 제대로 파악하는 것부터 시작하자.**

# 피처폰 사용자보다
# 스마트폰 중독자가 더 한심하다

얼마 전에 리츠칼튼호텔의 라운지에서 고객 한 명을 만났습니다. 품위 있어 보이는 일본인 여성으로 6인용 소파에 혼자 우아하게 앉아 있었습니다. 그때 미팅을 마친 것으로 보이는 외국인 비즈니스맨들이 속속 로비로 들어와 그 여성에게 인사를 했습니다. 틀림없이 VIP였습니다.

그러자 그녀는 "사진을 찍고 싶다"고 말했습니다. 그녀의 백 속에서 나온 것은 최첨단 스마트폰…… 이 아니라 아주 평범한 피처폰이었습니다.

'음, 스마트폰이 없어도 성공할 사람은 반드시 성공하는군' 하고 묘한 감동에 빠졌던 기억이 있습니다.

하지만 일반인이 지금과 같은 시대에 스마트폰을 가지고 있지 않다는 것은 백해무익한 일입니다. 컴퓨터로 할 수 있는 일을 스마트폰으로도 대부분 할 수 있으니 이렇게 편리한 도구를 가지고 다니지 않을 이유가 없습니다.

스마트폰의 장점은 즉시성입니다. 무엇인가 떠오른 순간 바로 정보에 접근할 수 있으며 아웃풋도 가능하다는 점이 가장 커다란 이점입니다. 실제로 어떻게 쓸 것인가는 그 사람이 무엇을 하고 싶은가에 따라서 변하지만 중요한 것은 그것을 스마트폰에 반영할 수 있는가, 그리고 잘 활용할 수 있는가 하는 점입니다. 최신의 고성능 컴퓨터로 카드놀이밖에 하지 않는 사람이 되지 않도록 스마트폰도 처리능력의 한계치까지 사용하시기 바랍니다.

**반대로 스마트폰의 안 좋은 점은 쉽게 접근할 수 있기 때문에 작업이 자꾸만 끊기기 쉽다는 것입니다.** 따라서 진득하게 앉아 일을 할 필요가 있을 때는 스마트폰이 아니라 노트북을 사용하는 편이 작업 효율이 향상됩니다.

스마트폰의 가장 큰 단점은 무엇보다 중독성. 빈 시간이 생기면 아무래도 만지고 싶어지는 것은 어쩔 수 없는 일입니다. 하지만 그렇다고 해서 스마트폰에 진짜로 휘둘리는 건 성인이라고 할 수 없습니다.

스마트폰을 잘 활용하는 사람은 일류.

스마트폰에 휘둘리는 사람은 삼류.

유혹을 끊기 위해서는 스마트폰을 절대로 사용하지 않는 시간에는 비행모드로 해두면 좋습니다. 집중해서 일을 해야 할 때, 출퇴근시간의 대중교통으로 이동하는 동안, 사람과 만날 때, 그리고 집에서 가족들과 식사를 할 때 등등.

그래도 유혹을 이길 수 없다면 전원을 끄는 것은 어떻겠습니까?

의욕의 5초 규칙에 의하자면 비행기 탑승 모드는 5초 안에 사용할 수 있지만 전원을 끄면 다시 시작하는 데 시간이 걸리기 때문에 순간의 욕구를 억누를 수 있습니다. 저는 하루에 대여섯 번 정도 전원을 끕니다.

머지않은 미래에 스마트폰은 더욱 고성능이 되어 우리의 생활 속으로 깊이 파고들 것입니다. 그때 "스마트폰은 가지고 있지만 전혀 사용하지 않아"라고 아무렇지도 않게 말할 수 있는 사람이 어쩌면 가치가 높은 사람일지도 모르겠습니다.

**스마트폰을 사용하지 않는 시간을 정해두자.**

# 정보에 휘둘리는 것이 '정약'

예전에 인터넷 속어로 '정강情强/정약情弱'이라는 말이 유행했었습니다. 정보를 가지고 있는 사람이 강하고, 가지고 있지 않은 사람은 약하다는 의미입니다.

하지만 전 세계의 정보가 구글 아래에 모여 그것을 스마트폰으로 검색할 수 있게 된 지금, **정보를 가지고 있는 것만으로 강하다는 발상은 이제 옛날얘기가 됐습니다.** 그리고 요즘에는 뉴스라 부를 수도 없는, 근거가 약한 '의견'과도 같은 것이 마치 뉴스인 양 떠돌고 있는 게 현상입니다. 이러한 상황이니 정보에 휘둘리는 사람이 오히려 약자이고, 정보를 잘 활용하는 사람이 강자라고 할 수 있을지도 모르겠습니다.

비즈니스맨에게 있어서 가장 중요한 점은 정보를 어떻게 활용해서 성과를 내는 데 이용하느냐 하는 것입니다. 정보수집이나 정보관리 등과 같은 수단은 철저하게 효율을 생각해야 합니다.

정보수집의 개념을 매트릭스로 나타내면 **정보의 입수방법에는 '푸시push형'과 '풀pull형'이 있고, 정보 자체는 '플로flow'와 '스톡stock' 으로 나눌 수 있습니다.**(아래 그림)

여기서 중요한 것은 푸시형과 풀형을 어떻게 구분해서 이용하는가 하는 점입니다.

풀형이란 정보가 '들어오는 상태'로 해두는 것. 자신에게 유익하다 여겨지는 정보를 저절로 모이게 해두지 않으면 정보의 홍수에 묻혀버릴 우려가 있습니다. 가까운 예를 들자면 긴급 지진 정보. 비즈니스 도구 가운데서는 구글 알리미가 그 대표적인 예입니다.

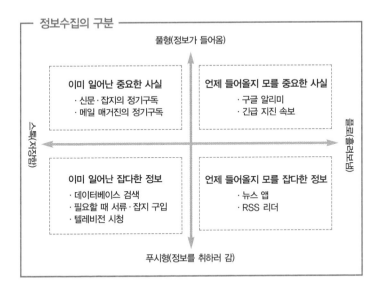

┌─ **정보수집의 구분** ─────────────────┐

풀형(정보가 들어옴)

| 이미 일어난 중요한 사실 | 언제 들어올지 모를 중요한 사실 |
|---|---|
| · 신문·잡지의 정기구독 | · 구글 알리미 |
| · 메일 매거진의 정기구독 | · 긴급 지진 속보 |

스톡(저장형) ←─────────────────→ 플로(흘러가버림)

| 이미 일어난 잡다한 정보 | 언제 들어올지 모를 잡다한 정보 |
|---|---|
| · 데이터베이스 검색 | · 뉴스 앱 |
| · 필요할 때 서류·잡지 구입 | · RSS 리더 |
| · 텔레비전 시청 | |

푸시형(정보를 취하러 감)

한편 푸시형이란 정보를 '취하러 가는 것'을 말합니다. 예를 들어 새로운 기사가 뜰 때마다 뉴스 앱의 알리미가 울린다면 업무에 지장을 줄 것입니다. 이렇게 유익한 것과 그렇지 않은 것이 한데 뒤섞여 있는 정보는 시간이 있을 때 제가 직접 검색을 합니다.

참고로 신문은 정기구독을 하고 있다면 풀형으로 구분할 수 있으나, 정보 활용이라는 면에서 우선순위는 예전만큼 높지 않습니다. 나이 많은 상사일수록 매일 아침 경제신문을 읽으라고 하지만, **2차 정보에서 신선도를 추구해봐야 효과는 그렇게 높지 않으니 낮이든 저녁이든 시간이 날 때 읽으면 충분합니다.** 결과물을 내기에 가장 좋은 시간인 아침에 신문을 읽는다는 것은 오히려 비합리적이라고 할 수 있습니다. 참고로 저는 일주일분의 신문을 한꺼번에 모아서 읽고 있습니다.

이처럼 원하는 정보의 질을 구분하고 그에 따라 손에 넣는 방법을 달리함으로써 정보수집의 효율화를 꾀하고 있습니다.

물론 그 정보가 자신에게 유익한가 유익하지 않은가를 구분하는 것이 가장 처음에 와야 한다는 사실은 말할 필요도 없습니다. 정보를 접할 때 어떤 목적의식(테마)을 가지고 있느냐에 따라서 그 구분법이 달라집니다. 목적의식이 없는 정보수집은 '쓰레기수집'과 다를 바 없습니다. 정보수집에 있어서도 '하지 말아야 할 것(필요 없는 정보)'을 결정함으로써 '해야 할 것(필요한 정보)'에 집중할 수 있습니다.

또한 데이터를 관리할 때도 정보에 휘둘리지 않도록 주의할 필요가 있습니다. 예전에는 전자 데이터를 계층별 폴더로 정리해 관리할 수밖에 없었지만, 다루어야 할 파일이 방대해진 지금, 정글의 밀림처럼 되어버린 하드디스크를 헤집어 정보를 찾아낸다는 것은 시간과 워킹메모리를 허비하는 일입니다.

에버노트로 대표되는 것처럼 **시대는 '폴더'에서 '태그'로 바뀌었습니다.** 순간적으로 보관하고 순간적으로 검색할 수 있는 도구를 얼마나 잘 활용하느냐에 따라서 정보의 축적과 자유로운 시간, 양쪽 모두가 늘어납니다.

**정보수집과 관리는 철저하게 효율화하자.**

## 6

# 정보는 해석에 따라서
# 얼마든지 변한다

어느 날 상사에게 야단을 맞고 있다고 합시다.

'끓는다, 끓어. 과장은 왜 맨날 이렇게 말도 안 되는 소리만 하는 거지? 다른 데 갈 데만 있으면 한 방 먹이고 당장 때려치울 텐데!'

누가 봐도 감정을 제어하고 있지 못합니다. 스트레스도 쌓일 듯합니다.

그렇다면 감정을 제어한 상태를 보기로 하겠습니다.

'지구상에 이런 말도 안 되는 소리를 하는 놈도 다 있구나. 내가 나중에 부하를 두게 되었을 때, 이런 말만은 절대로 하지 말아야지. 그건 그렇고 오늘은 잔소리가 너무 긴데. 이것도 3년 뒤에 내가 이 자식을 마구 부리기 위한 수행이라 생각하고 참자, 참아.'

전자는 감정이 그대로 드러나지만 후자는 상황을 긍정적으로 분석하고 있다는 점에 가장 커다란 차이가 있습니다.

감정의 세계란 해석의 세계에 지나지 않습니다. 감정에는 반사反射와 판단判斷이라는 2개의 공정이 있는데 반사만으로는 억제할 수가 없습니다. 화나는 것은 화나는 것이고, 무서운 것은 무서운 것입니다.

바로 화를 내거나 쉽게 극단적일 정도로까지 우울해지는 사람들은 이 반사에 휘둘리고 있는 상태입니다.

기쁘다, 즐겁다는 등의 플러스 반사는 그대로 받아들이기만 하면 됩니다. 문제는 분노나 슬픔과 같은 마이너스 반사. 이때 마이너스 반사를 품은 채 다음 공정인 판단으로 들어가면 마이너스 반사를 증폭시키는 판단을 내릴 가능성이 높습니다. 바로 여기에 문제가 있습니다.

'그놈 때문이야!'라며 피해망상에 빠지는 것도 그렇습니다.

'내 탓이야!'라며 자기비하에 빠지는 것도 그렇습니다.

이를 막는 방법은 마이너스를 어떻게든 플러스로 바꾸는 것밖에 없습니다.

가족요법 가운데 리프레이밍reframing이라는 용어가 있는데 '받아들이는 법'을 바꾸는 것으로 성과가 나기 쉬운 방향으로 판단을 바꾸어나갈 수 있습니다. 그 받아들이는 법이란 '나는 해피엔딩 스토리의 주인공'이라고 믿는 것입니다. 그렇게 받아들이면 무슨 일이 일어나도 미래를 어떻게 밝게 꾸밀 것인가만 생각하게 됩니다.

이미 일어난 일은 바꿀 수가 없으며, 오늘이라는 현실도 바뀌지 않습니다. **하지만 내일을 얼마나 설레는 마음으로 맞이할 수 있는가 는 자신의 의지로 바꾸어나갈 수 있습니다.**

마이너스 반사를 플러스로 해석하기 위해서는 오로지 경험을 쌓을 수밖에 없습니다. 저(마타노)는 직장생활을 할 때 감정이 흔들렸던 희로애락의 메일을 자료화해서 무엇 때문에 내가 그 메일을 보고 기뻐했는지, 또는 분개했는지 분석한 적이 있었습니다. 그러자 제 감정이 흔들리는 패턴을 알게 되었으며, 특히 기분을 해치는 메일에 대해서는 '또 이런 패턴이군' 하고 냉정하게 감정을 제어할 수 있게 되었습니다.

> **반사는 피할 수 없지만 판단은 바꿀 수 있다.**

# 7

# 식사 제한이 아니라
# 식생활을 바꿔라

You are what you eat.(당신은 당신이 먹은 음식으로 이루어져 있다.)

식사는 매일 행하고 있는 행위일 뿐만 아니라 몸에 직접적으로 영향을 줍니다. 하지만 다행스럽게도 식사는 자신의 의지로 결정할 수 있으니 적극적으로 제어하는 편이 좋을 듯합니다.

술집에 가면 반드시 튀김류를 주문하는 사람. 라면을 먹을 때 밥이 없으면 만족하지 못하는 사람. 기회가 있을 때마다 맥주를 주문하는 사람. 그들 자신은 '내가 좋아하는 것이니 어쩔 수 없다'고 생각합니다.

눈치가 빠른 분이라면 이미 깨달으셨으리라 생각합니다만, 이는 앞서 말씀드렸던 매트릭스에서 '좋다/싫다'를 기준 삼아 **맹목적으로 '좋다'만을 선택한 결과입니다.**

사람의 기호는 습관으로 얼마든지 바꿀 수 있습니다. 의식적으로 기름진 음식을 먹지 않으면 몸이 받아들이지 못하게 변합니다. 따라서 '좋다/싫다'만을 기준으로 생각하는 것은 지나치게 단락短絡(욕구불만이나 갈등에 빠졌을 때, 상황을 합리적으로 해결하려고 하지 않고 충동적·직관적으로 행동하는 것-옮긴이)적이라고 할 수 있습니다.

물론 '좋다/싫다'를 기준으로 삼아도 상관은 없지만 거기에 기준을 하나 더 더하면 선택의 폭이 넓어집니다. '장수/단명', '건강/건강하지 않음', '좋은 컨디션/나쁜 컨디션'처럼 장기적인 시야를 포함시키면 응용의 폭이 넓어집니다.

흔히 생각할 수 있는 '살이 찐다/안 찐다'의 기준은 균형 잡히지 않은 식단을 바로잡는 계기가 될지는 모르겠으나 이 역시 단기적이고 협소한 발상입니다. 특히 다이어트처럼 체중이나 외모만을 기준으로 삼으면 과도한 다이어트로 체력이 떨어지는 것도 정당화되어버리고 맙니다. 따라서 식사로 건강을 유지하려면 식사를 제한하기보다 식생활을 개선하는 것이 중요하다고 할 수 있습니다.

저(오가와)는 회사에 근무하던 독신 시절에 균형 잡힌 식사를 하기 위해 매일 아침 직접 상을 차려 먹었습니다. 생선구이 그릴에 생선을 넣고, 실리콘 스티머에 채소를 넣고, 된장국을 팔팔 끓이고, 낫토를 준비하기만 하면 끝. 시간은 7분. 그 사이에 샤워를 하기 때문에 시간도 유효하게 쓸 수 있습니다.

외식으로도 균형 잡힌 식사를 할 수 있다면 그렇게 했을 테지만, 첨가물투성이 식사를 장기간 계속했을 때의 위험성을 생각한 결과 직접 해먹는 방법을 선택한 것입니다.

물론 가끔 먹기 때문에 튀김은 맛있습니다. 먹고 싶을 때는 양껏 먹습니다. 금욕생활을 평생 계속할 필요는 없습니다. 단, 그만큼의 보충은 필요합니다. 그 조정 작업이 자기관리입니다.

**좋고 싫고는 단기적인 판단, 장기적인 시야로 건강을 지키자.**

# 8

# 일과 인생을
# 구분해서 생각하지 마라

SNS를 보면 '요즘 헬스클럽에 가지 못하고 있다'는 등의 내용을 흔히 볼 수 있습니다. 운동의 필요성을 인식하고 있다는 것은 매우 훌륭한 일이지만 헬스클럽이 아니라고 운동을 하지 못할 이유는 어디에도 없습니다.

'헬스클럽에 가지 못하고 있다'고 말하는 사람을 보면 건강 유지의 수단인 헬스클럽을 목적화하고 있다는 인상을 받습니다. '헬스클럽에 가지 못하고 있다'는 말이 '요즘 운동을 하지 못하고 있다'는 의미라면 주객이 전도된 것이라 할 수 있습니다. 몸을 움직이는 것뿐이라면 일상생활에서도 얼마든지 가능합니다.

**저는 몸이 찌뿌둥하다 싶으면 아침 출근길에 근처 아파트의 비상계단 난간에 매달려 천천히 턱걸이를 하곤 합니다.** 갑자기 이런 말을 하면 이상히 여길지 모르겠으나 실제로 파리 시민 가운데 운동을 위해 스포츠 시설을 이용하는 사람은 두 명 중 한 명밖에 되지 않는다고 합니다(르몽드 조사. 2015년 자료). 참고로 보도의 난간이나 울타리를 이용한 운동을 '스트리트 워크아웃street workout'이라고 합니다.

'헬스클럽에 가지 않으면 운동을 하지 못한다'고 생각하는 사람은 헬스클럽에 다니는 것은 일과 마찬가지로 일상생활과 양립할 수 없는 것이라고 인식하고 있기 때문입니다. 하루를 커다란 블록으로 분리해놓은 이미지를 떠올릴 수 있는데 각 블록에서 어떤 한 가지 일밖에 하지 못한다고 생각한다면 낭비하는 시간이 발생하는 것은 당연한 일입니다. 하루에 할 수 있는 일도 한정되어버립니다.

제가 중요하게 여기는 것은 그 양쪽을 포괄하는 상위개념, 생활과 행동의 일치입니다. 하루를 어떻게 나눌 것인가 미리 결정해두지 말고 어떻게 동시에 진행시킬 것인가를 생각하면 달성할 수 있는 일의 숫자가 훨씬 늘어날 것입니다.

**생활과 행동을 분리해서 생각하지 않는다.**

# 9

# '체중'보다
# '체지방률'에 신경 써라

　　　　자기관리에 능숙한 사람은 평소 식사와 운동에 신경을 쓰고 있기 때문에 체중을 조절할 수 있습니다.

　일반적으로 사람들이 체중에 신경을 쓰는 타이밍은 남들로부터 "요즘 살쪘어?"라는 지적을 받았을 때 정도. 그때부터 다이어트를 시작해서 매일 체중계에 오르지만 바늘이 조금 떨어지기 시작하면 체중계는 다시 수납장 안으로 들어가버리고 맙니다. **그런 일이 반복되면 자신이 살쪘을 때의 감각은 기억해도 최고의 상태일 때의 감각은 기억할 수 없습니다.**

　자기관리에 철저한 사람은 자신에게 있어서 최고의 컨디션이 어느 정도의 감각인지 잘 알고 있기 때문에 저울에는 아주 가끔밖에 올라가지 않습니다.

　가볍지도 않고 무겁지도 않은 최고의 상태라고 여겨졌을 때 체중계에 올라가보시기 바랍니다. 인식의 어긋남에 대해서 이야기한 수평의 높이를 몸으로 기억하는 것과 같은 일입니다. 올바른 기준만 기억해둔다면 조금 과장일지 모르겠으나 체중계에 올라갈 필요조차 없습니다.

덧붙여 말하자면 최고의 컨디션을 유지하는 것이 목적이기 때문에 체중만을 기준으로 삼아서는 의미가 없습니다. 저는 오히려 체지방률을 기준으로 삼고 있습니다.

동물은 겨울이 되면 피하지방을 축적해서 자신의 몸을 지킵니다. 그것과 마찬가지로 저는 가을이 되면 지방률을 서서히 높이기 시작해서 한겨울에는 한여름의 지방률보다 2~3% 정도 많은 상태가 되도록 합니다. 그 때문에 체중도 늘어납니다. 그리고 따뜻해지기 시작하면 천천히 몸무게를 줄입니다. "그게 가능해?"라는 말을 자주 듣습니다만 매해 하다 보면 누구라도 가능하게 됩니다. 확인을 위해서 가끔 체중계에 오릅니다만 예상과의 오차는 1kg 미만, 체지방으로 따지자면 1%도 안 됩니다.

**외부환경(이 경우는 추위)에 자신의 체질이 적응하도록 만들지 않기 때문에 체질을 중립상태로 되돌리기 위한 치료비가 드는 것입니다.** 피하지방을 늘려 추위에 대비하면 감기에도 덜 걸리고 주머니난로를 살 필요도 없으며 생강즙도 마실 필요가 없습니다.

예전에는 체중계에 달린 체조성계를 참고로 조정했지만 지금은 감각으로 몸에 익히고 있어서 내가 어떻게 해야 지방률을 높이고 낮출 수 있는지 알고 있기 때문에 일부러 체중계에 올라갈 필요가 없습니다.

그렇다고 정밀기계 같은 생활을 하라는 것이 아닙니다. 1% 정도의 오차는 크게 상관없으니 자신의 기준을 감각적으로 인식하는 것과, 그 기준에서 5%, 10% 멀어지지 않도록 제어하는 노력이 중요하다는 것입니다.

**최적의 컨디션을 감각적으로 몸에 익혀두자.**

# 자기관리는
# 치료보다 예방이 우선

자신의 컨디션을 유지한다는 것은 자동차 정비와 같은 것입니다.

인간에게 있어서 컨디션 유지의 토대가 되는 것은 '쉬기', '먹기', '움직이기'의 세 가지 요소뿐. 극히 간단합니다. 공장의 제조 라인에 비유하자면 이 세 가지 요소가 전공정前工程(처음으로 하는 일)이고, 무엇을 학습해서 어떻게 효율을 높일 것인가 하는 것은 후공정後工程입니다. 수면이 부족하면 공부를 해도 머리에 들어오지 않는 것처럼 전공정에서 실패를 하면 후공정에서는 만회할 수가 없습니다.

또한 차에 대해서 잘 알지 못하는 사람일수록 차가 고장 났을 때 수리(치료)하면 된다고 생각하지만, 차에 대해서 잘 아는 사람은 평소 정기점검(예방)에 주력하는 것이 더 편리하다는 사실을 알고 있습니다.

**점검(예방)은 비용이 적게 들고 부담도 적습니다. 수리(치료)는 비용
이 많이 들고 부담도 큽니다.**

예를 들어 치과에 부지런히 다님으로써 이를 뽑아야 할 정도의
충치를 예방하면 전체적인 시간, 치료비 그리고 통증을 줄일 수
있습니다.

그리고 예방 차원이라면 평소 시간이 날 때 병원을 찾으면 되지
만, 충치가 생겨 통증이 느껴지기 시작하면 만사 제쳐두고 병원
으로 달려가야 합니다. **어엿한 어른이 돼서 충치를 치료하러 다녀야
한다면 자기관리를 못한다는 말을 들어도 어쩔 수 없는 일입니다.**

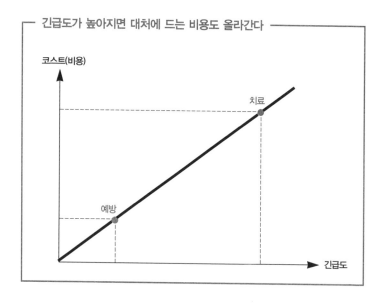

긴급도가 높아지면 대처에 드는 비용도 올라간다

일로 비유를 들자면 상사에게 부지런히 보고해서 커다란 실수를 회피할 수 있도록 하는 것. 언뜻 귀찮은 일처럼 여겨지지만 예방수단을 강구해둠으로써 장기적으로는 커다란 손실을 막을 수 있습니다.

저는 매해 6월과 12월이면 치과에 갑니다. 단, 6개월 뒤의 일을 기억해두는 것은 귀찮은 일이기에 구글 캘린더에 입력해 그 달 초에 '치과를 예약할 것'이라는 알림이 오게 해두었습니다.

썩 내키지 않는 일은 체계적으로 업무화하는 편이 움직이기 쉽습니다.

**치료는 고부담, 고비용. 예방은 저부담, 저비용.**

# '감사장을 손편지로 보내는 것'은
# 일류의 습관일까?

어떤 일로 신세를 졌거나 대접을 받았거나 물건을 받았을 때 보내는 감사장. 대부분의 비즈니스 서적이나 매너 연수에서는 시간을 두지 말고 바로 감사장을 써서 보내야 한다고 가르치고 있습니다만, 과연 그럴까요?

결론부터 말하자면 감사장을 보낼 필요는 없습니다.

비즈니스상의 교류를 둥근 표적에 비유해 말하자면 표적의 중심에 있는 것은 '상대방에게 가치를 제공하는 것'입니다. 이것은 '반드시 해야 할 일'입니다. 그리고 그 주위에 감사장을 보내는 습관처럼 '하는 편이 좋다'고 여겨지는 수준의 일들이 여럿 자리하고 있습니다. 다시 말해서 1시간이나 들여 정중하게 편지를 쓸 여유가 있다면 그 시간에 본업에 충실해서 그것으로 상대방에게 보답하는 편이 상대방에게는 훨씬 더 커다란 보답이 될 것입니다.

'하는 편이 좋다'고 여겨지는 수준의 일들은 너무나도 많기 때문에 거기에 시간을 빼앗겨 중심이 텅 비어버리면 아무런 의미도 없습니다. 오히려 표적 주위에 있는 것들은 가능한 한 인생의 선택 영역 가운데서 배제하고 표적의 중심에 초점을 맞춥시다. 표적 주위만 노려 성공했다는 사람은 들어본 적이 없습니다.

이번 경우에 있어서는 많은 사람들이 감사장을 보내는 일을 표적의 중심, 즉 반드시 해야 할 일이라고 믿고 있다는 점이 문제입니다. 자신은 중심이라고 생각했으나 사실은 주변을 노리고 있던 셈입니다. 이런 상태를 두고 '헛다리를 짚었다'고 합니다.

'이거다!' 싶어서 일을 진행했으나 사실은 판단착오였던 경우는 아주 흔한 일입니다. 원인은 가치관의 어긋남. 지금 자신이 한정된 시간과 노동력을 할애해 힘쓰고 있는 일이 '헛다리를 짚는 결과'가 되지 않도록 가치관의 어긋남은 가능한 한 빨리 수정하는 편이 좋습니다. 이를 위해서는 일류라 불리는 사람들과 더욱 자주 접촉해서 그들의 가치관을 배울 필요가 있습니다.

이상적인 것은 표적의 중심을 필사적으로 노리면서도 주변의 '하는 편이 좋다'고 여겨지는 수준의 일들을 시스템화하는 것. 예를 들어 명함을 받으면 클라우드를 경유해서 비서가 대필하는 등의 루틴routine화를 말합니다. 품이 들지 않는다면 하는 편이 좋기 때문입니다.

# 5

성장을 가속화하는
# 매주·매달의 습관
First-class weekly and monthly habits

# 매주,
# 뒤를 돌아보고 과제를 정리하라

직장에서는 걸핏하면 "PDCA(Plan-Do-Check-Act)를 행하자"고 말하는 사람이 자신에 대해서는 전혀 돌아보지 않는다는 것은 있을 수 없는 일입니다. 되돌아보기의 목적은 목표를 향해 성장해나가고 있는 모습을 실감함으로써 성장을 가속화하는 것.

개인적으로 되돌아볼 때는 일주일 단위로 할 것을 권합니다. 왜 일주일 단위로 하는 것이 좋으냐 하면, 비교 내용과 비교 일수가 꼭 일치하기 때문입니다. '1개월'을 단위로 하면 일수가 달라집니다. 그리고 '1일' 단위로 하면 일지를 작성하는 데 시간이 걸리기 때문에 루틴화하거나, 바쁜 날에는 쓰지 않는 것이 정당화되어버리는 직장이 대부분일 것입니다.

셀프 피드백 과정에서 당연히 설문은 같아도 답변은 달라질 것이라 생각합니다. 이것이 올바른 상태로 변화했다는 증거입니다.

만약 답변이 변하지 않는다면 그것은 설문이 잘못되었거나 성장하지 못했다는 증거입니다.

제(오가와)가 사원과 고객을 위해 만든 주보週報를 여기서 소개하겠습니다. 설문과 함께 해설도 실었습니다. 당신이 목표로 삼고 있는 일을 떠올리며 읽어보시기 바랍니다.

**① 지난 일주일 동안 하려고 한 일은 무엇이었습니까?**

우선은 일주일을 돌아봅니다. 지난주에 세운 목표를 실행에 옮겼는지가 포인트입니다. 이것을 반복함으로써 예측의 정밀도가 높아집니다. 이를 예실(예측과 실적) 관리라고 합니다.

**② 이번 주에 실행한 일 가운데서 '특필할 만한 것', '장래의 일을 편하게 해주는 것'은 무엇이었습니까?**

투자한 것, 공부한 것, 도전한 것, 조직화한 것 등 중요한 것만 기재합니다. 만약 떠오르는 내용이 없다면 '자랑하고 싶은 것 세 가지', '실수한 것 한 가지'를 적어보시기 바랍니다.

**③ 10년에 걸쳐서 소원 하나가 이루어지는 마법을 가지고 있습니다. 무엇을 바라겠습니까?**

결과를 생각한 뒤 그 과정을 생각해보시기 바랍니다. 포인트는

'어떻게 되고 싶은가?' → '그것을 위해서 어떻게 하면 좋을까?' → '그것을 위해서 무엇을 손에 넣으면 좋을까?'의 순서로 생각하는 것입니다.

④ 그 소원을 실현하는 데 있어서 과제가 되는 것은 무엇입니까?

현상과 목표 사이의 거리를 분명히 인식해야 합니다. 그리고 그 과제가 '바꿀 수 있는 것'이라면 앞으로의 과제로 삼고, '바꿀 수 없는 것'이라면 '다른 바꿀 수 있는 것은 없는지' 다시 질문을 던져보시기 바랍니다.

⑤ 그것을 이미 해결한 사람, 참고가 될 만한 사람, 질문하고 싶은 사람은 누구입니까?

성장의 기본은 선배한테 배우는 것입니다. 자신이 해결할 필요는 없습니다. 가까이에 없다면 인터넷으로라도 찾아보시기 바랍니다.

⑥ 이번 주에 죽을지도 모릅니다. 그 일주일 동안 해야 할 일은 무엇입니까?

이 책에서 거듭 말씀드린 것처럼 성과를 내려면 '하지 말아야 할 일을 결정하는 것'을 우선으로 해야 합니다. 이미 습관화되어버린 것을 자신의 의지만으로 그만두기란 쉬운 일이 아니니 타인과 시스템의 힘을 활용하시기 바랍니다.

⑦ 앞으로 일주일 동안 해야 할 일은 무엇입니까?

지금의 자신에게 있어서 정말 중요한 것만 쓰면 충분합니다. 혹시 아직은 할 수 없지만 언젠가 해보고 싶은 일이 있다면 여기에 써보시기 바랍니다.


⑧ 실행하는 데 있어서 문제가 될 것 같은 건 무엇입니까?

앞으로 일어날지도 모를 온갖 문제도 사전에 예측해서 해결법까지 생각해둔다면 무서울 것은 없습니다. 이는 사업을 진행하는 데 있어서도 매우 중요한 사고법입니다.


⑨ 눈앞에서 '자신'이 괴로워하고 있다면 어떤 충고를 하겠습니까?

이 설문으로 자신을 컨설팅하는 시야의 높이를 키울 수 있습니다. 설문 ⑥~⑧의 내용만으로는 해결이 되지 않을 때, 어떤 말을 해주면 좋을지 생각해보는 것입니다. 그때 "힘내", "정신 차리자"라는 등의 표어와 같은 말은 의미가 없습니다. 해결을 위한 '행동'을 제시해주지 않으면 사람은 움직이지 않습니다.


⑩ 그래서 자산은 늘었습니까?

특히 비즈니스의 경우 가장 기본적인 기준은 돈입니다. 개인적으로 이 셀프 피드백을 응용할 경우에는 '자산'을 자신에게 있어서 행복이라 여겨지는 것으로 바꾸어도 상관없습니다. 하지만 '지식욕', '보람', '인맥' 등처럼 이것이 취미나 변명과 구분되지 않는 목표는 피하도록 합시다.

이상이 셀프 피드백의 설문입니다.

저(마타노)도 사설 학원에서 수강생들에게 비슷한 주보를 제출하게 하고 있습니다. 월보도 행하고 있습니다만 기본이 되는 것은 주보입니다.

수강생에게는 그 주보에 있는 설문을 평소에도 가지고 다니라고 장려합니다. 매일 메모를 남기는 것을 습관화한 수강생은 눈에 띌 정도로 성장속도가 남다릅니다. **사고하는 버릇으로 일주일을 되돌아보는 설문 내용이 뇌 안에 입력되어 있기 때문일 것입니다.**

이번 장에서 소개한 셀프 피드백은 익숙해지지 않으면 어려운 일이니 처음에는 상사나 선배와 상의해서 피드백을 받을 수 있는 시스템을 만들어보시기 바랍니다. 갑자기 성과가 나지는 않을 테지만 행동의 변화는 바로 나타날 것입니다.

> **셀프 피드백을 습관화하자.**

# 주 1회,
# 반드시 주변 정리를 하라

       자기관리 마니아를 자처하고 있는 저(오가와)입니다만, 청소는 생각만 해도 현기증이 날 정도로 싫어합니다. 바로 어지르기도 하고, 또 정리하기도 싫습니다. 독신 시절 제 방도 상당히 어질러져 있었습니다. 정리하려 해도 귀찮다는 생각이 들고, 그러다 보면 어질러놓은 편이 효율적인 것처럼 보이기까지 합니다.

    그러다 어느 날 문득 깨닫게 되었습니다. **'물건이 없으면 어지르고 싶어도 어지를 수가 없겠군' 하고.** 그것을 계기로 물건을 철저하게 버렸습니다. 옷을 최소한도만 가지고 있으면 빨래를 하지 않을 수 없기 때문에 벗어놓은 채로 그냥 내버려둘 수 없습니다.

    무슨 일이든 전부 완벽하게 처리할 필요는 없으며, 또한 그것이 자기관리의 목적도 아닙니다. 집을 깔끔하게 하기 위해서 '물건을 버리는 것' 외에도 '물건을 사지 않기', '매일 청소하기' 등 여러 가지 선택사항이 있습니다. 단, '물건을 사지 않기'처럼 하고 싶은 일을 참는 것을 선택하기란, 자기관리 중에서도 가장 어렵고 고통이 수반되는 일입니다. 또한 청소하기를 아주 싫어하는 사람에게 있어서도 매일 청소를 한다는 것은 커다란 부담입니다. 고통스러운 일을 평생 계속할 수는 없습니다.

집을 깨끗하게 유지하는 것이 최종목표라면 '악순환'이 어떤 메커니즘으로 구성되어 있는지를 파악하고, 목표를 달성할 수 있는 방법 중에서 악순환을 끊기 위해 할 수 있는 일을 하면 됩니다. 제 경우는 그 방법으로 물건 버리기를 선택한 것입니다. 물건이 없으면 방을 어지를 방법이 없으며 청소도 한결 쉬워집니다. 또한 그 상태를 유지하고 싶다는 의욕도 생겨나기 때문에 제 방은 극적으로 깨끗해졌습니다.

볼링을 칠 때 중앙의 핀을 쓰러뜨리면 뒤쪽에 있는 핀도 쓰러지는 것과 마찬가지로, 앞의 공정을 하나 바꾸면 그 변화의 파급효과가 다음 공정에도 커다란 영향을 주는 법입니다. 그러니 자기관리를 할 때는 가운데 있는 핀만을 노리기로 합시다.

참고로 저는 책상 위도 꽤나 어지르는 편입니다. 발산형 사고를 하는 사람일수록 책상이 지저분하다고 하는데 스티브 잡스, 저커버그, 아인슈타인 등의 책상도 지저분하다는 사실을 인터넷을 통해서 알고 조금 힘을 얻었던 기억이 있습니다.

하지만 '캔버스의 크기는 사고의 크기'라는 말이 있는 것처럼 작업 공간은 넓을수록 좋습니다. 청소를 아무리 싫어하는 사람이라 할지라도 하다못해 마무리 지은 프로젝트의 자료는 책장에 정리하는 등, 더 이상 필요 없어진 것은 배제할 필요가 있습니다. 저는 주말마다 반드시 회사 청소를 합니다. 사무실 전체를 청소하는 것이 주된 목적이지만, 자연스러운 흐름에 따라서 제 책상 위와 컴퓨터의 바탕화면도 정리하고 있습니다.

평소 생활에서는 가지고 있지 않은 것에 대한 의식이 강해지기 쉬운데 그 의식을 아무리 가지고 있다 할지라도 행복감이나 퍼포먼스는 향상되지 않습니다. 그렇다면 '지금의 조건에서 지금 이상의 퍼포먼스를 내는 것'에 집중하는 편이 좋지 않을까요? 청소는 '지금 가지고 있는 것'이 무엇인지 사람에게 가르쳐줍니다.

**하기 싫은 일은 업무화하면 된다.**

# 3

# 반드시 진척시킬 수 있는
# 프로젝트를 가져라

아무리 자기관리를 하려 해도 눈앞에 쌓인 일에 쫓겨 바빠지는 것은 더 이상 피할 수 없는 일입니다.

저희 회사에서는 매주 목요일에 사원 전체가 참가하는 미팅을 열고 있습니다. 거기서 이야기하는 것은 회사 전체의 목표에 대한 각 사원의 행동목표를 정하고 지난주의 결과를 보고하는 것입니다. 최종목표를 달성하고 나면 다음 프로젝트를 생각합니다.

만약 사원이 지난주에 결정한 행동지표를 실행하지 못한 경우에는 '어째서 못했는지', '어떻게 하면 가능할지'를 철저하게 밝혀냅니다. 그 사원이 얼마나 바쁘게 일하고 있는지는 저도 잘 알고 있습니다만 그 미팅 자리에서 어설픈 말은 하지 않습니다.

회의에는 온라인으로 참가하는 것도 허락하고 있습니다. 단, 1년에 두 번까지. 그렇기 때문에 사원들은 모두 출장이나 유급휴가를 계획할 때도 목요일만은 미팅에 참가할 수 있도록 조정하고 있습니다. 매우 엄격하고 집요할 정도로 행동지표에 초점을 맞춘 20분 동안의 짧은 미팅이지만 그 효과는 아주 큽니다.

"전쟁의 프로는 병참兵站을 논하고 전쟁의 아마추어는 전략을 논한다"는 유명한 말이 있습니다. 사원은 모두 머리가 좋고 우수하기 때문에 전략이나 의견은 얼마든지 나옵니다. 그러나 단기적인 업무에 쫓길 뿐, 행동으로 옮길 수 없는 상황이 계속되고 있습니다.

그때 경영자 동료가 소개해준 《전략을 실행하는 조직, 실행하지 못하는 조직》이라는 책에 실려 있던 방법이 이 미팅입니다. 주어진 일만 해서는 주체성이 결여되지만, 행동을 하도록 해놓고 매주 스스로 뒤따라가게 하는 상황을 만들면 어느 틈엔가 프로젝트가 자신의 일처럼 되어 자발적으로 생각하기 시작합니다. 바로 그것이 목적입니다.

이 방법은 특히 팀을 지휘하고 계신 분께 자신을 가지고 권합니다. 프로젝트가 확실하게 움직이기 시작할 뿐만 아니라 팀으로 움직이면 그룹 다이내믹스도 기대할 수 있기 때문입니다.

멤버가 여러 명 있을 경우, 자기관리를 할 줄 아는 사람과 그렇지 못한 사람으로 구분할 수 있습니다. 평소의 업무뿐이라면 서로의 머릿속은 블랙박스 상태입니다만, 행동에 초점을 맞춰 요인 분석과 과제 해결에 대해 구체적으로 이야기를 나누는 자리를 마련하면 자신이 생각지 못했던 경우에 대해서 배울 수 있습니다. '그런 곳에 문제점이 있었군. 조심해야지', '그 정도로 칭찬을 받는단 말이야? 그래 조금 더 노력하자'라고 느끼는 부분이 생기기 마련입니다.

행동에 초점을 맞춘 진척 관리는 개인에게도 적용할 수 있습니다. **자신에게 중요하다고 생각되는 일 가운데 목표로 하는 기한을 몇 개로 나눌 수 있어, 결과를 지표로 나타낼 수 있는 것을 선택하시기 바랍니다.**

자격증 공부를 생각하면 쉽게 이해할 수 있습니다. 시험일로부터 역산해서 합격에 필요한 일을 정리한 뒤, 스케줄 표에 적어넣고 우선은 일주일 단위로 행동지표를 결정해나갑니다(매주 조정해 나가야 하니 엄밀하게 할 필요는 없습니다).

예를 들어 어떤 주에는 '문제집 5장을 풀자'고 정합니다. 그리고 일주일 후에 진척 상황을 확인하고 다음 주의 행동을 결정합니다. 이때 자기 혼자라고 해서 '다음 주에 열심히 하면 돼', '목표를 조금 낮출까?'라는 식으로 관대해져서는 의미가 없습니다.

'예정의 80%밖에 하지 못했어. 원인은 술자리가 너무 많아서였을까? 아니, 술자리가 있다는 사실은 이미 알고 있었으니 시간의 사용법이 잘못된 거야. 시간을 아낄 수 있는 순간은 없었을까? 그러고 보니 출퇴근 지하철 안에서 게임만 하고 있었지……' 등처럼 자신에 대한 엄격한 질문을 매주 일정한 날에 행하는 것입니다.

거기서 나온 '하지 못한 이유'는 전부 변명입니다. 그것조차 예상하지 못했던 자신을 탓해야 합니다. 이러한 반성을 되풀이함으로써 '행동하는 자신'으로 확실히 바꿔나갈 수 있습니다.

자기 혼자서 진척 관리와 행동 결정을 하는 것이니 시간은 15분이면 충분합니다. 앞서 이야기한 주간 셀프 피드백과 함께 진행하면 더욱 효과적입니다.

**전략보다 실천력!**

# 4

# 지출 배분은
# 전략적으로 결정하라


회사원의 경우는 매출(급여)이 고정되어 있고 지출은 미정입니다. 경영자의 경우는 매출이 미정이고 지출은 고정되어 있습니다. 매우 추상적이기는 하지만 기본적으로는 이것이 양자의 결정적인 차이점입니다. 돈을 벌고 싶다면 경영자는 매출 내역을 먼저 생각하고, 회사원은 지출 내역을 먼저 생각하는 것이 자연스러운 순서입니다.

예전부터 일본에는 '죽은 돈', '산 돈'이라는 표현이 있었습니다. 산 돈이란 가치를 만들어내는 것이고, 죽은 돈이란 가치를 만들어내지 못하는 것입니다. 이를 요즘 말로 표현하자면 '이율'이 됩니다.

'돈을 지불한 결과 무엇을 얼마나 얻을 수 있나?'

호화로운 식사를 혼자서 하기보다 평소에는 간단히 먹고 중요한 사람과 밥을 먹을 때 계산을 하면 훨씬 더 커다란 것을 얻을 수 있습니다. 또한 여유가 생긴 돈으로 책을 두어 권 사면 평생 사라지지 않을 지식과 경험치를 얻을 수 있습니다. 만약 '산 돈' 의 사용처가 여러 군데 있다면 자신의 포트폴리오(투자전략) 가운 데 가장 이율이 높으리라 여겨지는 곳에 투자합시다.

인생은 즐거워야 하니 취미나 스트레스 발산을 위해 돈을 쓰는 경우도 있으리라 여겨집니다. 이때도 비용 대비 효과를 신중히 고려하는 버릇을 들이면 쓸데없는 지출을 막을 수 있습니다. 이 때의 균형은 자신에게 있어서 중요한 것이 무엇인가에 따라서 달 라집니다.

제약이 있는 것일수록 전략적으로 접근하지 않으면 최대의 성 과를 거둘 수 없습니다. 그런 점에서 회사원은 급여를 컨트롤할 수 없으니 그것을 어떻게 분배해야 하는가 정도는 철저하게 컨트 롤해야 합니다.

돈뿐만 아니라 노동에도 한계가 있습니다. 어떤 일을 할 때, "이 일은 과연 시급 이상의 가치를 내게 가져다줄까?"라고 물어보면 '해야 한다', '하지 않아도 된다'는 판단이 서게 됩니다.

이율을 바탕으로 지출을 생각할 때 중요한 것은 장기적인 안목 입니다. 친구에게 밥을 사는 사람은 장기적으로 그 친구와 관계 를 맺고 싶어하는 것입니다. 마찬가지로 책을 읽는 사람은 장기 적으로 성장해나가고 싶다고 생각하고 있습니다. 단기적인 안목

밖에 가지고 있지 않으면 사람은 순간의 욕구에 휘둘려 움직이게 될 뿐입니다.

돈을 적극적으로 쓰는 것은 좋은 일이라고 생각합니다. **단, '그 돈이 다른 돈을 낳을 수 있는 곳에만 집중해서 쓰고 그 외의 곳에는 한 푼도 쓰지 않는다'는 것이 돈을 쓰는 법의 기본입니다.**

사업에 있어서도 역시 마찬가지여서 저희 회사에서는 사원이 경비로 5만 엔이 드는 세미나에 참석하는 것은 장려하고 있으나, 경비로 100엔짜리 연필꽂이를 사오면 야단을 칩니다. "이게 고객을 위한 일인가?" 하고.

성장도 변화도 느끼지 못해 초조한 나날을 보내는 분이 계시다면 앞으로 지갑을 열 때마다 이 이율의 법칙을 생각해보시기 바랍니다. 돈 쓰는 법이 바뀌면 필연적으로 나날의 행동도 바뀝니다.

그런데 세상에는 낭비하는 사람이 있는 반면 닥치는 대로 저금을 하는 사람도 있습니다.

목적이 있어서 돈을 모으는 것은 훌륭한 일입니다. 단, 제로금리정책을 쓰고 있는 일본에서 명확한 목적도 없이 쟁여둔 돈은 죽은 돈일 뿐입니다. 기업이라면 주주가 압력을 넣을 것입니다. 만약 앞으로의 일이 불안해서 저금을 하고 있는 것이라면 오히려 현상을 바꾸는 것이 선결 과제입니다.

특히 이해할 수 없는 것은 "돈을 벌고 싶다"고 말하면서도 한편으로는 부지런히 저금만 하고 있는 회사원. 무엇인가 틀림없이 잘못되어 있습니다.

　회사원의 장점은 매달 월급이 들어온다는 점, 그리고 업무상의 손실을 개인이 메울 필요가 없다는 점입니다. 원금을 보장받는 금융상품은 이율이 낮은 것처럼 회사원은 '안정'을 사는 대신 경영자보다 급여가 낮습니다.

**돈을 벌고 싶다면 '수입'이나 '자산' 어느 한쪽은 위험에 노출시킬 수밖에 없습니다. 양쪽 모두 안정을 택했는데도 돈이 늘어날 만큼 세상은 만만치가 않습니다.**

　'수입'을 위험에 노출시킨다는 것은 이직이나 사업을 시작하는

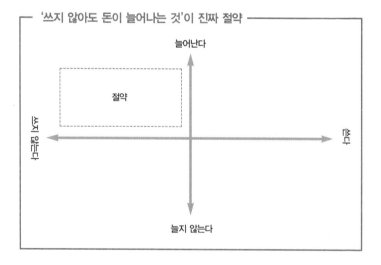

것이고, '자산'을 위험에 노출시킨다는 것은 투자를 말합니다.

　매달 돈의 사용법을 관리하는 습관을 들이고 싶다면 그 돈의 사용법을 세 가지 패턴으로 나누어서 생각해봅시다.

　즉 ①소비 ②낭비 ③투자입니다. 소비의 기준은 필요성, 낭비의 기준은 쾌락, 그리고 투자의 기준은 회수입니다.

**목적 없는 저금은 결국 죽은 돈.**

# 자신에 대한 투자는 과감하게

　　　　　고정급 가운데 얼마를 어디에 투자할지는 고민 해볼 문제라고 생각합니다.

　요즘에는 샐러리맨을 상대로 한 NISA(일본 소액투자비과세제도) 등 이 유행하고 있는데 소액의 분산투자만큼 의미가 없는 것도 없습 니다.

　가령 금융상품에 200만 엔을 투자해서 3%의 이율을 얻었다 할 지라도 1년에 겨우 6만 엔, 한 달에 5천 엔입니다. 인플레이션 프리 미엄으로 단번에 의미가 없어질지도 모를 이익을 추구하고 있으면 서 "나는 자산을 운용하고 있다"며 자랑스러워하는 사람을 보면 저는 '대체 무엇을 목표로 삼고 있는 거지?'라고 묻고 싶어집니다.

　수입 면에서 이미 안정을 손에 넣은 회사원이 진심으로 돈을 벌 고 싶다면 3%나 30%가 아닌, 300%, 3,000%의 이율을 노리는 발상이 필요합니다.

물론 그런 금융상품은 쉽게 찾을 수 있는 것이 아닙니다. 벤처 기업에 출자를 하는 정도일 테지만, 경험이 부족한 초기 상태에서는 권하고 싶지 않습니다.

**그렇다면 돈이 없을 때 최고의 이윤을 낳을 가능성을 가지고 있는 투자대상은 바로 자기 자신입니다.**

저(오가와)는 회사원 시절, 한 투자가에게 야단을 맞은 적이 있었습니다.

"지금 당신이 모을 수 있는 돈은 어차피 뻔한 금액이니 금융상품 같은 건 사지도 마라. 그것을 전액 자신에게 투자해라. 그리고 당신이 투자받는 사람이 되어라."

그렇게 해서 깨달음을 얻은 저는 야근수당을 포함해서 받는 월급 23만 엔 가운데 15만 엔을 자기투자에 사용하기로 했습니다. 책을 대량으로 사들이고, 조그만 실험을 거듭하고, 일류라 불리는 상점에 가고, 성공한 선배들과의 술자리에 참석하고, 사업을 위해 조금씩 저축하고, 이렇게 저렇게 다시 분배를 하다 보니 15만 엔도 눈 깜짝할 사이에 사라져버렸습니다.

미래를 위한 투자는 즐거웠으나 생활비가 쪼들리지 않을 수 없었습니다. 도쿄 시내에서 매달 8만 엔으로 생활했으니 프리타(시간에 구애받지 않고 아르바이트를 하며 자신이 좋아하는 일을 하는 사람-옮긴이)가 훨씬 더 우아한 생활을 했을 것입니다. 욕실은커녕 화장

실도 공동으로 써야 하는, 끔찍할 정도로 낡은 공동주택으로 이
사했으며(단, 사는 장소는 중요했기에 회사에서 가까운 곳), 신문을 살
수 없었기에 근처 호텔 로비로 출퇴근하는 생활을 계속했습니다.

결과적으로는 홍콩의 VC(벤처캐피탈)와 연결이 되어 개업 자금,
인적 자원, 비즈니스 커넥션까지 준비를 해주었기 때문에 무사히
독립에 성공. 그때 도움을 주셨던 투자가분들께는 뭐라 감사의
말씀을 드려야 할지 모르겠습니다.

제 경우는 사업을 시작하겠다는 명확한 목표와 극단적인 위험
을 감수할 만큼의 성격(전부 잃어도 다시 시작하면 된다는 정신)을 가
지고 있었으므로 그런 생활을 할 수 있었지만, 일반적으로는 어
려울지도 모르겠습니다.

단, 자신에게 성장 가능성이 있다고 생각한다면 위험을 감수할
수 있는 범위 안에서 적극적으로 자신에게 투자하는 편이 좋다고
생각합니다. 매달 월급이 들어오니 이 정도는 없어도 되겠다 싶
은 정도의 금액을 써서, 뜻대로 되면 1위 탈환, 뜻대로 되지 않는
다 할지라도 실망할 건 없다고 생각할 수 있느냐의 문제입니다.

특히 자기투자는 축적한 것이 없어지지 않는다는 이점이 있습
니다. 회사가 내일 망한다 할지라도 지인이나 회사 밖에서 쌓은
인맥은 사라지지 않습니다.

단, **자기투자의 경우는 자신이 일을 하지 않는 한 가치가 오르지**

**않기 때문에 자기투자를 시작한 시점에서 자신은 힘든 노동에도 흔들리지 않겠다는 각오가 필요합니다.** 만약 자신이 일을 하지 않고 타인이 가치를 낳는 시스템을 바란다면 자신에게 투자하기보다 우선적으로 타인에게 투자하는 것을 검토해야 합니다(타인에게 도전할 수 있는 환경을 만들어주어 성장하게 하는 등).

또한 개인에게는 변수(불확정요소)가 많기 때문에 언제 성과가 나올지, 혹은 정말 성과가 나올지 해보지 않고서는 알 수가 없습니다.

따라서 눈앞의 일에 일희일비하지 말고 장기적인 트렌드를 분명히 포착할 것. 그리고 장기적으로 봐서 성장을 실감할 수 없다면 그것은 투자전략을 잘못 세운 것이라 판단하고 얼른 손을 뗄 수 있는 용기도 필요합니다.

> **이율이 가장 높고 위험성이 가장 낮은**
> **투자대상은 자기 자신.**

# 취미에도
# 퍼스널트레이너를 고용하라

　　　　저는 예전에 경영자 동료들과 함께 킥복싱에 열중한 적이 있었습니다. 그때 저는 퍼스널트레이너에게 억지를 부려 매주 일요일 아침 6시에 맨투맨 지도를 받았습니다.

　이렇게 말하면 "돈이 있어서 가능했던 일이다"라고 말하는 사람이 대부분입니다만, 저는 '일을 하면서 최단기간에 실력을 쌓기 위해서는 어떻게 하면 좋을까?'를 생각한 결과 타인의 시간을 사는 것에서 투자효과를 발견한 것일 뿐입니다.

　물론 결과로 무엇을 기대하느냐에 따라서 돈을 얼마나 쓸지도 결정됩니다. 만약 돈이 아깝다면 그 방면의 베테랑에게 밥을 사고 배우는 것도 한 가지 방법이 될 것입니다.

　어쨌든 무슨 일이든 실력을 향상시키고 싶다면 혼자서 시작해서는 안 됩니다. **우선은 스승에게서 기본이 되는 규칙과 자세를 철저하게 배운 뒤 그것을 지켜야 합니다. 그리고 그것을 자기만의 방식**

**으로 조정하는 것은 후공정이 될 것입니다.**

저의 프레젠테이션 스승이신 노무라 다카요시[野村尚義] 씨가 'Re-Create(재창조)'라는 프레젠테이션 방법 가운데서 흥미로운 말씀을 하셨습니다.

"만약 당신이 붕어빵을 구워야 한다면 어떻게 해서 만들겠습니까? 붕어빵 굽는 틀을 쓰시겠습니까? 아니면 가열판에 올려놓고 이쑤시개로 비늘을 그려가며 만들겠습니까? 시간과 완성도를 생각하면 틀을 사용하는 편이 당연히 깔끔하게 완성됩니다. '틀'을 사용한다는 것은 '속도'와 '질' 양면에서 유효한 방법입니다."

규칙과 틀의 중요성은 회사에서도 역시 마찬가지입니다.

저(마타노)는 시티즌 시계에 근무하던 시절, 아웃렛 사업의 책임자로 소매 현장도 총괄했었습니다. 소매이기 때문에 새로운 직원도 속속 들어왔는데 그때 기본이 되는 틀을 집중적으로 철저하게 외우도록 했습니다. 개인의 성격을 살린 접객을 하게 하면서도 이것만은 꼭 필요하다고 여겨지는 기본 중의 기본만은 철저하게 교육시켰습니다.

그 과정에서 통감한 것은, 업계 경험자는 다루기 어렵다는 점입니다. 외부에서 신선한 자극을 가져온다는 이점도 있습니다만, 다른 회사에서 몸에 밴 버릇은 아무리 말해도 고쳐지지 않습니다. 오히려 업계 미경험자로 "저도 잘할 수 있을까요?"라고 말하는 순수한 직원을 처음부터 교육하는 편이 성장이 빠릅니다.

신입사원에게 규칙과 틀이 있는 것처럼 과장과 부장과 전무와 사장에게도 각자의 역할에 따른 규칙과 틀이 있습니다. 그리고 회사나 업계가 바뀌면 다른 규칙과 틀이 있습니다. 새로운 세계로 뛰어들었는데 자신에게 규칙과 틀을 가르쳐줄 사람이 없다면 외부의 힘을 이용해서라도 자신의 스승이 될 만한 사람을 찾아야 합니다. 이것이 성과를 내는 지름길입니다.

**성과를 내는 사람일수록 가르침을 청한다.**

# 7

# 사업을 시작하려면
# 책을 1,000권 읽어라

비즈니스 서적을 몇 권인가 읽고 처음부터 끝까지 참신한 내용이라고 여기셨다면 자신의 독서량이 아직은 부족한 것이라 생각해도 좋을 것 같습니다.

피터 드러커의 책도 모두가 처음에는 자극을 받아 예전의 책까지 전부 찾아 읽었습니다만, 두 권, 세 권씩 읽다 보면 '뭐야, 하는 얘기가 전부 똑같잖아'라고 이해를 하게 되는 순간이 찾아옵니다. 그것이 본질에 접근했다는 증거입니다. 저자나 출판사가 적당히 책을 만드는 것이 아니라 본질은 그렇게 간단히 변하는 것이 아니기 때문입니다.

본질에 다가서야만 그 책은 비로소 자신의 피와 살이 됩니다.

그런 수준에 이르기 위해서는 폭넓게 책을 읽어 자신의 사고력, 지식, 시야를 키우는 노력을 계속해야만 합니다. 양 속에서 질이 태어나는 법입니다.

사업을 생각하고 있는 젊은이가 있다면 어림잡아 1,000권 정도는 책을 읽어보는 것이 어떨까요? 0권부터 시작을 한다면 한 달에 20권씩 4년을 읽어야 합니다.

"책을 읽을 시간이 없어서"라고 변명하는 사람이 여럿 있습니다만, 그건 "책을 읽지 않기 때문에 시간이 없는 것"이라고 혼다 나오유키[本田直之] 씨가 《레버리지 리딩》에서 말했습니다. 책을 통해서 다른 사람의 경험과 지식을 배울 수 있는데 그것을 활용하지 않고 자신이 길을 개척하려 한다면 인생의 길을 멀리 돌아가는 것이나 다를 바 없으니 시간이 부족한 것은 당연한 일입니다.

저(오가와)는 1년에 600권에서 800권의 책을 삽니다. 다른 사람이 권하는 책은 반드시 사고, 마음에 드는 저자가 있으면 그 사람의 책을 전부 삽니다. 참고로 일류 중의 일류라 불리는 사람 가운데는 한 달에 50만 엔이나 책에 투자하는 사람도 있습니다.

비즈니스 서적은 기껏해야 1,500엔 정도. 평범한 회사원이 가장 가볍게 할 수 있는 자기투자 수단이라고 생각합니다. 그것을 비싸다고 생각하는 사람은 그 투자의 축적이 커다란 성과를 낳는다는 상상을 하지 못하는 것입니다. 회사원 특유의 시급 발상이 가져다주는 폐해입니다.

제(마타노)가 독서에 열중하기 시작한 것은 사내 벤처를 책임지게 된 30대 초반부터입니다. 출발점이 늦었던 것은 직책이 낮았던 20대 무렵에는 자신의 경험과 재능만으로도 어느 정도 업무를 수행할 수 있었기 때문입니다.

그런데 막상 사업을 시작하려고 보니 제가 가지고 있는 정보량이 너무나도 부족하다는 사실을 알게 되었고 초조함을 느끼기 시작했습니다. 그때부터 물에 빠진 사람이 지푸라기라도 잡으려는 심정으로 책을 닥치는 대로 읽었습니다.

일본에는 정사원이 3,300만 명이나 있습니다. 그런데 비즈니스 서적은 10만 부 정도 팔리면 베스트셀러 중의 베스트셀러입니다. 비율로 따지자면 1% 미만. 거기에 정사원 이외의 사람들도 읽을 테니 실제 비율은 더욱 떨어집니다. 다시 말해서 **책을 읽는 행위 자체에서 희소가치가 발생하는 시대가 된 셈입니다.**

책을 여러 권 사면 주위에서 가끔 "책 읽을 시간도 있다니 놀랍네요"라고 감탄하는 사람들이 있습니다. 하지만 그건 커다란 오해입니다. 회사를 경영하면서 매일 세 권씩 책을 독파할 수 있는 시간은 제게도 없습니다.

저(오가와)의 경우는 1년에 1,000권을 사도 통독하는 것은 200권 정도. 정독을 하는 책은 그것의 다시 20% 정도에 불과합니다. 정독하는 것은 지금의 제게 특히 중요하다고 여겨지는 책뿐입니다. 차분히 앉아(특히 실무서 같은 경우는 읽는 도중에라도 실천에 옮기기 때문에 더욱 시간이 걸립니다) 밑줄 긋고 메모하고 포스트잇을 붙여

가며 몇 번이고 읽습니다. 그리고 저자의 사고 프로세스를 머릿속에 그릴 수 있게 되었을 때에야 독서를 마칩니다.

그 이외의 책은 기본적으로 대충 훑어봅니다. 대신 구입한 책은 서적 스캔 대행서비스 업자에게 의뢰해서 저만의 데이터베이스로 보관합니다. OCR로 문자판별이 가능하기 때문에 데이터를 구글 드라이브에 저장해두었다가 필요할 때 키워드 검색으로 찾아볼 수 있게 해둡니다.

**제가 해야 할 일은 판단을 내리는 것이지 정보수집에 열중하는 것이 아닙니다.** 참고를 하기 위해 산 책이라면 한 글자, 한 글자 읽을 필요도 없습니다.

철학에 사상의 계보가 있는 것처럼 현대 비즈니스 서적에서 이야기하는 내용에는 근원이 되는 이론과 체계가 있습니다. 그 원류를 더듬어가면 원서가 있고, 더욱 더듬어 올라가면 고전이 존재합니다.

현대 비즈니스 서적은 트렌드를 배우는 데 적합하기에 여러 권을 읽는 편이 유리합니다. 하지만 원류를 더듬어갈수록 본질에 더욱 가까이 접근할 수 있으니 가만히 앉아 깊이 있게 읽는 독서법을 권하겠습니다.

두꺼운 원서를 읽기 힘들다면 독서모임을 이용하는 것은 어떻겠습니까? 각자가 맡은 장만을 읽고 와서 1장부터 순서대로 그

장의 내용을 직접 프레젠테이션하는 것입니다. 이 방법은 일반 비즈니스 서적에도 적용할 수 있습니다. 어떤 책을 팀원과 공유하고 싶다면 "지금부터 20분 동안 각자 한 장씩 읽고 회의실로 집합. 프레젠테이션은 5분 이내"라고 전달해둡니다. 총 다섯 장으로 이루어진 책이라면 45분 만에 한 권의 요점을 알 수 있습니다.

> **비즈니스 서적은 필요한 부분만 취하고,**
> **원서나 고전은 차분히 앉아서 정독하자.**

# 8

# 인생을 바꾼 책을
# 물어보라

　　책을 고르는 일도 독서의 즐거움 중 하나라고 생각하는데 서점만큼 정보를 얻을 수 있는 곳도 없습니다. 서점은 언뜻 늘 같은 책만 진열해놓는 것 같지만 사실은 엄청난 속도로 신진대사가 이루어지고 있습니다. 정점 관측을 해보면 세상의 트렌드를 알 수 있고, 또 자신의 관심 영역 밖에 있던 책과 예기치 않게 조우하게 되는 것도 서점만의 매력입니다.

　일주일에 한 번 퇴근길에 있는 서점에 5분 정도 들르는 것도 좋고, 약속장소로 서점을 이용하는 것만으로도 충분하다고 생각합니다. 자신에게는 뜻밖이라 여겨지는 코너에 상대방이 있는 경우도 많은데 어떤 작가를 좋아하는지, 어떤 점이 좋은지를 묻는 것만으로도 약속한 상대방을 알 수 있고 자신이 평소 고르지 않았던 책에 대해서 파악할 수 있는 기회가 되기도 합니다.

　제(오가와)가 독서모임을 개최하게 된 이유 중 하나는 다른 사람들이 제게 책을 권하는 시스템을 만들고 싶었기 때문이었습니다. 책은 좋아하지만 저의 책 고르는 기준은 신용하고 있지 않았던 것입니다.

많은 양의 독서를 하는 사람이 책 고르는 기준에 대해서 이야기 하는 것은 납득이 가는 일입니다. 하지만 독서량이 얼마 되지 않는 사람이 자신의 기준을 만드는 것은 위험한 일입니다. 기준 자체가 잘못되어 있거나, 혹은 극단적으로 좁을 가능성이 높기 때문입니다. 그런 관점에서 일류라 불리는 사람을 만날 기회가 있다면 '그 사람의 인생을 바꾼 책'은 무엇이었는지 물어볼 것을 권

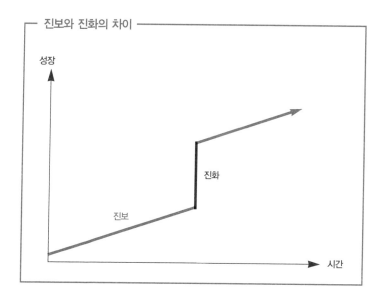

하고 싶습니다.

그런 질문을 받고 '인생을 악화시킨 책'을 이야기할 사람은 아무도 없습니다. 당연히 '인생을 향상시킨 책'에 대해서 이야기를 해주기 때문에 그 사람이 힘들었던 시절의 에피소드나 무용담도 들을 수 있어서 참고가 됩니다.

**무엇보다 지금 자신이 가지고 있는 기준으로는 절대로 고르지 못할 책에 대해서 가르쳐줄 것입니다. 그것은 자신이 크게 진화할 기회가 됩니다.**

'진보'와 '진화'는 다릅니다.

진보는 축적이고 진화는 축적된 것 위에서 갑자기 나타나는 비약입니다. 진보는 성장 곡선을 예측할 수 있지만 진화는 언제 일어날지 알 수 없습니다.

자신이 흥미를 가지고 있는 책만 읽는 것은 '진보'입니다. 거기서 '진화'를 기대한다면 일류라 불리는 사람들로부터 책을 추천받는 등 강렬한 외부 자극에 적극적으로 자신을 노출시키는 것이 중요합니다.

> 타인의 기준을 받아들여
> '진보'뿐만 아니라 '진화'도 이루자.

# 오가와의 인생을 바꾼 책 톱5

★ 《소피의 세계》 (요슈타인 가아더 저)

중학생이라도 읽을 수 있는 철학사 책. 세 번 읽고 나서야 마침내 내가 아무것도 생각하고 있지 않았다는 사실을 깨닫게 되었다.

★ 《짐 로저스의 어드벤처 캐피털리스트》 (짐 로저스 저)

독서를 좋아하게 된 계기를 만들어준 책. 현지 현물, 구조와 규칙은 세계 어디를 가도 변하지 않는다는 사실을 배웠다.

★ 《오디세우스의 사슬》 (R. H. 프랭크 저)

이기적인 자신 때문에 고민하던 시절에 읽었는데 이기적인 자신과 이타적인 자신이 양립할 수 있다는 사실을 알게 되었다. 사상 형성에 커다란 영향을 준 책.

★ 《백치》 (도스토옙스키 저)

세계관에 따라서 세상을 보는 눈이 변한다는 사실을 가르쳐주었다. 여러분에게 있어서 미슈킨 공작은 누구입니까?

★ 《기업 최강의 전략》 (간다 마사노리 저)

읽는 내내 '시험해보고 싶은 일'이 속속 등장해 좀처럼 끝이 나지 않았던 책. 자영업자에게 이 책 이상으로 도움이 될 만한 책은 나도 알지 못한다.

# 마타노의 인생을 바꾼 책 톱5

★ 《불씨》 (도몬 후유지 저)

평사원 시절에 임원으로부터 과제로 건네받은 책. 바로 감상문과 함께 돌려주었더니 누가 봐도 느낄 수 있는 편애가 시작되었다. 존 F. 케네디가 존경하는 일본인으로 든 명군名君. 가난에 시달리던 나라를 일으켜 세운 군주의 생애를 묘사했다.

★ 《CEO 켄지》 (사에구사 다다시 저)

새로운 사업을 맡게 된 주인공이 여러 가지 어려움을 극복하고 성장해 나가는 기업 드라마. 저자인 사에구사 씨의 작품은 전부 권하고 싶다. 손에 땀을 쥐며 조직과 개인의 성장에 필요한 정수를 간접 체험할 수 있는 좋은 책.

★ 《시마 고사쿠》 시리즈 (히로카네 겐시 저)

저자와의 대담을 계기로 전권을 독파한 뒤 열렬한 팬이 되었다. 현명한 샐러리맨 생활을 위한 지혜를 얻을 수 있다. 시대 배경이나 다양한 업종을 무대로 한 이야기도 빼어나다.

★ 《설득의 심리학》 (로버트 치알디니 저)

타인에게서 받은 영향에는 어떤 것이 있는지를 해명한 사회심리학서. 행동을 일으킬 때 무의식의 영향이 얼마나 큰지를 앎으로써 설득의 테크닉을 배울 수 있다.

★ 《구로가와 온천의 돈ヶ 고토 데쓰야의 '재생'의 법칙》 (고토 데쓰야 저)

낡은 체질을 바꾸고 주위의 이해를 얻어가며 지도에도 실려 있지 않던 한적한 온천마을을 일본 유수의 인기 온천마을로 만들어냈다. 그 중심이 되었던 고토 씨가 취한 행동을 통해 약자에서 강자가 되는 비결을 배울 수 있다.

# 9

# 재미없는 영화는
# 15분 만에 자리를 뜬다

데이트 때 영화관에 갔는데 내용이 재미없다면 당신은 중간에 자리에서 일어날 수 있습니까? 자기관리를 할 줄 아는 사람은 중간에 일어날 수 있습니다.

어떤 영화든 처음 15분 동안 끌리지 않는다면 적어도 자신의 감성과는 맞지 않는다고 생각하는 것이 현명합니다. 만약 데이트 상대도 똑같이 느꼈다면 나머지 1시간 반은 고통에 다름 아닙니다.

책도 마찬가지여서 처음 50쪽을 읽고 재미없다고 느꼈다면 그것은 틀림없이 자신이 찾고 있는 내용이 거기에는 없다고 생각하는 편이 좋을 것입니다.

그럴 때 보기를 중단할 용기를 가지고 있는지?

영화의 경우라면 이미 티켓 값, 영화관까지의 교통비, 이동시간 그리고 영화 시작 이후 15분의 시간을 투자했습니다. 그런데 '이런, 잘못 골랐군. 투자한 것을 회수할 수 없겠어'라고 판단되었을 때 손해를 감수할 수 있겠는가 하는 얘기입니다.

대부분의 사람들은 '아까우니 끝까지 보자. 재미있어질지도 모르잖아'라고 생각하며 끝까지 자리에 앉아 있습니다. 그리고 찻집으로 이동해 미묘한 분위기에 휩싸여서 영화의 '좋은 점 찾기'를 필사적으로 시작하게 됩니다. 모처럼 만의 데이트도 엉망이 되어버립니다.

**데이트 때 영화관에 가는 목적은 '즐거운 시간을 보내기 위해서'이지 '그 영화를 끝까지 보기 위해서'가 아닙니다.** 자기관리를 할 줄 아는 사람은 목적이 명확하기 때문에 점차 빼앗기는 두 사람의 즐거운 시간을 최소화하자 하는 생각을 우선적으로 합니다.

"DVD나 책이라면 중간에 그만둘 수 있지만 데이트 때 보러 간 영화는 중간에 일어설 수 없어……"라고 말하는 사람이 있다면 그것은 플랜 B를 준비해두지 않았기 때문이 아닐까요? 처음 보는 영화라면 재미없을 가능성이 매우 높습니다. 그러한 사태를 미리 계산에 넣어 영화관 근처에 케이크가 맛있는 집이라도 찾아놓으면 됩니다. 이것이 데이트 상대를 기쁘게 해주는 준비의 힘입니다.

리스크 관리란 일어날 가능성이 있는 일을 미리 생각해내 '상정'의 폭을 넓힘으로써 '상정' 밖의 일을 최소화하는 것을 말합니다.

성과라는 관점에서 말하자면 본 작품의 '몇 퍼센트'가 재미있는 영화였느냐가 지표가 아니라, 재미있는 영화를 '몇 편' 보았느냐가 중요합니다.

타율이 아니라 안타 수. 이치로 선수도 타율이 아니라 안타 수에 신경을 쓰고 있다고 합니다. 타율을 생각하기 시작하면 사람은 행동하기를 두려워하게 됩니다. 헛스윙 삼진을 당하면 타율이 떨어지기 때문에 결국은 타석에 들어서려 하지 않게 됩니다.

세상의 일류 세일즈맨이라고 해서 백발백중 계약을 성사시키는 것은 아닙니다. 그 대신 사지 않을 사람을 구별해내는 능력이 뛰어납니다. 성적이 좋지 않은 영업사원처럼 상대방이 분명히 '사지 않겠다는 사인'을 보내왔는데도 지치지 않고 매일 찾아가는 일은 하지 않습니다. 이것도 손해를 감수하겠다는 사고 중 하나입니다.

**'아깝다'고 생각하는 사고가 아깝다.**

# '조그만 물건에 집착하는 것'은 일류의 습관일까?

여러분은 볼펜이나 수첩 같은 조그만 사무용품에 집착하는 사람이 일류라고 생각하십니까? 제 생각을 솔직히 말씀드리자면 이것은 단지 취미의 세계입니다(물론 다른 사람에게서 받은 물건이나 추억이 담긴 물건을 소중히 여기는 것은 멋진 일입니다).

예를 들어 최신 기능을 가진 사무용품은 너무 사소한 것에까지 신경을 쓴 듯한, 마치 99점짜리 물건을 100점짜리 물건으로 만들려고 한 것 같은 인상을 받습니다.

그것이 나쁘다는 얘기는 아니지만 어디까지나 비즈니스적인 관점에서 보자면, 거기에 매달리기보다는 0점을 80점으로 만드는 일에 집중해야 하는 것 아닌가 하는 생각이 듭니다.

이건 우스갯소리입니다만, 협의를 위한 자리에서 어떤 사람이 세련된 외국산 노트를 자꾸만 자랑하는 것이었습니다.

"아주 좋은 노트라 소중히 사용하고 있습니다."

세상에, 노트는 한번 쓰고 나면 그만 아닙니까? 그것이 협의를 위한 중요한 자리에서 자랑하며 떠들 일인지 모르겠습니다.

조그만 물건에 열중하는 사람은 어느 시대에나 있으니 가끔 어떤 물건이 좋은지 물어봐서 참고하는 정도면 충분하리라 여겨집니다.

일류라 불리는 사람이 정말 소중히 여기는 것은 가치가 있는 물건입니다.

예를 들어 손목시계.

이것은 사무용품과는 달리 동산이기 때문에 충분히 신경을 쓸 만한 가치가 있습니다. 특히 처음 살 때는 스프레드spread(사들인 값과 팔 때의 값)를 생각해서 그 차이가 적은 것을 엔화가 강세일 때 사시기 바랍니다.

제(오가와)가 처음으로 산 손목시계도 엔화가 강세일 때 한정 모델이 아니라 일반 모델로 선택했습니다(수요가 있어서 값이 잘 떨어지지 않기 때문). 그 결과 지금도 가격을 보면 샀을 때보다 비싸게 팔리고 있습니다.

조그만 물건은 아니지만 자동차도 역시 동산이라고 생각해서 연식이 오래돼도 값이 잘 떨어지지 않는 차를 사는 편이 결과적으로는 가치를 창출합니다.

구두도 마찬가지입니다. 좋은 구두는 정말 오래 신을 수 있으니 (가치가 떨어지지 않는 것과 마찬가지) 2만 엔짜리 구두를 1년 신고 버

리기보다는 10만 엔짜리 구두를 20년 신는 편이 훨씬 더 가치가
있습니다.

# 6

시야를 넓혀주는
# 매해의 습관
**First-class yearly habits**

# 연초의 포부는
# '작년과 같은 것'이 최선

당신은 연초의 포부를 언제 생각하십니까?

자기관리라는 관점에서 보자면 연초의 포부는 '1년 동안 반드시 달성해야 할 목표'라는 상당히 중요한 위치를 차지하고 있습니다. **질문을 받은 뒤에야 생각을 한다면 즉흥적인 생각에 1년을 맡기는 셈이 되니 그다지 칭찬할 만한 일은 아닙니다.**

회사의 연간계획에는 중장기계획이라는 전제가 있습니다. 그 전제에 이전 연도의 결과를 가미해서 나온 것이 연간계획입니다. 개인의 경우도 마찬가지여서 1년 전부터 내년에는 무엇을 할 것인지 생각해도 전혀 문제가 되지 않습니다. 오히려 1년 전부터 생각을 하면 행동양식도 바뀌게 됩니다.

1년이 지나면 상황도 변해 있을 테지만 새해 첫날 현재의 상황을 정리하고, 그 결과에 따라서 연초의 포부를 정하는 것이 가장 자연스럽다고 생각합니다.

이상적인 연초의 포부는 '작년에는 일이 잘 풀렸다. 올해도 똑같이 하자'고 결심하는 것입니다.

시대의 흐름과 본질이라는 면에서 이야기를 하자면, 목표를 세울 때는 본질에 초점을 맞추는 것이 중요합니다. 본질이란 말하자면 삶의 방식입니다. 따라서 본질이 되는 부분을 가능한 한 바꾸지 않고 묵묵히 되풀이하는 데 의의가 있습니다. 탁월함은 꾸준함에서만 태어납니다.

시대의 흐름이란 '기술 습득', '자격증 취득', '어학 학습' 등과 같은 도구와도 같은 것. 도구는 소모품이기 때문에 언젠가는 닳기 마련입니다. 사람은 성장과 동시에 시대의 흐름(도구)이 늘어나기 때문에 40대, 50대가 되면 마치 잡탕처럼 됩니다.

거기에 이르렀다면 새로운 것을 손에 넣기보다는 오히려 본질로 돌아가 무엇을 버리고 무엇에 집중해야 할지를 결정하는 것이 참된 자기관리라 할 수 있습니다.

**탁월함은 꾸준함에서만 태어난다.**

# 2

# 20년 뒤까지
# 달력에 일정을 적어놓는다

　　　　　종이 달력과는 달리 구글 캘린더는 몇 년 뒤의 예정이라도 적어놓을 수 있습니다.

　저(오가와)는 관리 오타쿠이기 때문에 아내의 생일은 물론 선물을 고를 시기와 사는 시기까지 예정을 해두었습니다. 예정을 기록하고 '반복→매해'를 선택하기만 하면 자동적으로 매해 달력에 기재됩니다.

　사실 이것은 독신 시절부터 써오던 전략으로 매해 크리스마스 선물을 고를 시기와 사는 시기를 스케줄러에 등록해두었습니다. 여자친구가 없을 때도 기록을 해두었습니다. 오히려 '나도 슬슬 위험한데'라며 필사적으로 상대를 찾을 마음이 들게 됩니다.

　또한 아이가 성인이 될 때까지는 매해 아이의 생일 때 가족과 함께 해외여행을 가기로 했기 때문에 그 일정도 20년 뒤까지 확보해두었습니다.

특별히 거기까지 관리할 필요는 없다고 말한다면 틀림없이 그렇기는 합니다.

여기서 중요한 것은, **자신이 미래에 하고 싶은 일을 달력에 적어 놓았다고 해서 어떤 문제가 생기느냐 하는 점입니다.** 예정을 기록하는 데 너무 이른 때란 없습니다. 30년 뒤의 예정을 지키지 못했다 할지라도 그것을 탓할 사람은 아무도 없습니다. 소프트뱅크의 손 사장은 '300년 계획'을 세우고 있지 않습니까?

"1, 2개월 뒤까지는 바빠서 일정을 조정할 수 없어"라고 말하는 친구가 있으면 저는 이렇게 말합니다.

"그래? 그럼 내년에 약속을 하는 건 상관없지?"

"뭐? 내년?"

"살아 있겠지?"

스케줄 짜기의 기본은 중요한 일부터 먼저 잡는 것. 일정을 먼저 잡기 때문에 그것을 실현하기 위한 행동이 수반됩니다. 효과가 매우 크니 직접 해보시기 바랍니다.

> **스케줄 짜기에 '너무 이른 때'란 없다.**

# 3

# 장기판의 알이자 기사라는
# 생각을 가져라

회사원이라면 회사의 리소스를 어떻게 해야 잘 활용할 수 있을지 깊이 생각해보시기 바랍니다. 일을 혼자서만 마무리 짓겠다는 좁은 생각을 갖고 있다면 커다란 성과는 거둘 수 없습니다.

리소스 발상을 몸에 익히는 과정은 다음과 같습니다.

① 게임의 규칙을 알아야 한다(장기인지 체스인지).

② 자신의 역할을 파악해야 한다(차車인지 졸卒인지).

③ 장기판을 한눈에 내려다볼 수 있는 곳까지 시야를 넓히자(정세는? 배치는?).

④ 스스로 기사의 입장에 서자(다음 한 수는? 상대방은 어떻게 나올까?).

이것이 일류 비즈니스맨으로 가는 단계입니다.

신입사원은 우선 조직이나 업계의 분위기를 파악하는 것부터 시작해서①, 조그만 역할을 맡게 됩니다②. 그리고 경험이 쌓이면 회사와 비즈니스의 전체상이 조금씩 보이기 시작합니다③. 거기에 판단능력까지 향상되면 국면에 응해서 다음 한 수는 어떻게 두어야 하는지 그려볼 수 있게 됩니다④.

규칙은 시간이 지나면 익힐 수 있지만 리소스 발상을 갖게 되느냐 마느냐의 분기점이 되기 쉬운 것이 ②단계입니다. 자신의 역할, 즉 자신을 장기 알이라고 생각하게 되느냐 하는 데 있습니다.

회사에서는 부하로서의 역할, 선배로서의 역할, 영업사원으로서의 역할 등 책임이 늘어날 때마다 여러 가지 역할을 맡게 됩니다. **신입사원 때는 역할을 혼동하는 사람이 거의 없지만, 경험이 조금 쌓이면 자신의 역할을 잊는 사람들이 나오기 시작합니다.**

자신은 장기의 알이 아니라 '나는 나'라고 생각하기 시작하면 사람은 자신을 아끼려 합니다.

한 프로젝트에서 차의 역할을 맡아줄 것으로 기대하고 있는 중견사원이 언제까지고 졸과 같은 움직임밖에 보여주지 않는다면 어떤 일이 일어날까요? 리더는 '이 녀석 큰일을 하기는 틀렸군'이라고 평가하게 될 것입니다. 그리고 본인은 '왜 나한테만 자꾸 귀찮은 일을 시키는 거야'라며 스트레스를 받게 됩니다. 이렇게 된다면 본인에게도 회사에게도 불행한 일입니다.

리소스 발상을 갖게 되면 일에 임하는 자세가 극적으로 바뀌게 됩니다. 특히 자신이 장기판의 알이자 동시에 기사라는 생각으로 국면을 판단할 수 있게 되면④ 일이 한층 더 재미있어집니다.

예를 들어 프로젝트를 성공시키기 위해서는 자신이 움직이기보다 상사를 움직이게 하는 편이 좋은 경우도 있습니다. 하지만 **리소스 발상이 없으면 상사를 움직이게 해야겠다는 생각조차 떠오르지 않습니다.** "한심한 사람이야"라고 험담을 하거나 "내가 움직이는 편이 빨라"라고 자신이 그 역할을 맡아 결국은 프로젝트 전체에 손실을 주게 됩니다. 그런데도 본인은 그 사실을 깨닫지 못합니다.

일류라 불리는 사람일수록 남을 움직이게 하는 능력이 있습니다. 직접 부탁을 해도 꿈쩍하지 않는 상사를 움직이게 하기 위해 상사가 행동할 수밖에 없는 상황을 만듭니다. 그때는 '상대방을 움직이게 하기 위해서는 내가 어떻게 행동해야 하는가?' 하고 2단계로 생각해야 하기 때문에 한층 더 높은 시점에서 상황을 파악하고 냉정하게 판단을 내릴 수 있는 힘이 필요합니다.

이것이 바로 사전교섭입니다. 리소스 발상과 마찬가지로 비즈니스에서 성공하기 위해 몸에 익힐 필요가 있는 스킬입니다.

평사원이 단번에 사장과 같은 시점을 갖게 될 수는 없는 법입니다. 그러나 가능한 한 시야를 넓히려는 노력을 꾸준히 해야 합니다. 마음 같아서는 2단계 위의 직급의 시점을, 그게 어렵다면 1단계 위의 직급이어도 상관없습니다. 현상에 안주하지 말고 늘 높은 곳을 목표로 업무에 임하면 사람은 저절로 성장하게 됩니다.

**자신은 물론 상사도 회사의 리소스로 보자.**

# 4

# 매해 반드시
# '자산의 재고조사'를 하라

비즈니스에 있어서 성공지수는 일하는 회사의 지명도도 아니고 자신의 직함도 아니고 페이스북 친구의 숫자도 아닌, 자신의 자산입니다.

바로 그렇기 때문에 자신의 자산이 늘고 있는지 눈을 떼지 말고 냉정하게 생각해볼 필요가 있습니다. **요즘에는 주가의 추세를 보여주는 이동평균선을 엑셀로 그릴 수 있는 프리 소프트웨어도 있으니 그러한 도구를 사용해서 관리하기를 권합니다.**

주 단위, 월 단위로 관리할 수 있으면 좋겠지만 시간을 너무 빼앗긴다고 생각된다면 최소 1년에 한 번은 자신의 자산을 정리해보도록 합시다(이것을 읽고 바로 구글 캘린더에 '매해 반복'으로 등록하느냐 하지 않느냐가 '변하는 사람과 변하지 않는 사람'의 차이입니다).

주가와 마찬가지로 단기적인 하락에는 신경 쓸 필요가 없지만 만약 이동평균선이 하락 추세를 보인다면 긴장을 하는 편이 좋습니다.

그리고 상승 추세에 있다 할지라도 장기적으로 봤을 때 선이 곡선을 그리고 있는 것이 이상적입니다. 직선이라면 단지 자산을 축적하고 있는 것일 뿐, 시간 노동에 의해서 돈이 늘어나고 있는 것에 불과합니다.(아래 그림) 이 책에서 몇 번이고 말씀드린 것처럼 노동이든, 돈이든, 사람과의 교제든 복리로 보답을 얻도록 해야 하기 때문에 처음의 상승은 완만하다 할지라도 후반에는 단번에 곡선을 그릴 수 있게 해야 합니다.

자신 있게 단언할 수 있는데 자신의 자산을 이렇게 차트화하는

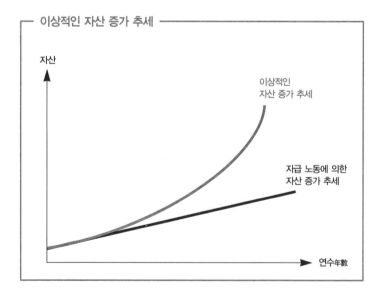

버릇을 들이면 3~4년 안에 숫자가 비약적으로 변합니다.

그렇다면 회사원의 경우는 구체적으로 무엇을 자산으로 생각하면 좋을까요? 저금액은 투자를 하면 감소하고 자동차나 집은 가치가 내려가기 때문에 알기 어려울지도 모르겠습니다.

가장 알기 쉬운 것은 자신의 시장가치입니다. 회사원이란 시장에서 팔리고 있는 몸, 즉 자기 자신이 재산입니다. 그렇다면 1년에 한 번, 구직 에이전트에 등록해 시장에서의 자신의 평가를 확인해보는 것은 어떨까요? 회사에 들킬 염려도 없고 혹시 정말 좋은 자리가 생기면 이직하면 그만입니다.

그때 주의할 점이 한 가지 있습니다.

고정자산이 내용연수耐用年數에 따라서 감가상각 되는 것처럼 당신도 해를 거듭할수록 내용연수(남은 근속 연수)가 줄어듭니다. **만약 1년이 지나서도 시장가치가 똑같다면 사실상 당신의 가치는 떨어진 것이라고 할 수 있습니다.**

구직 에이전트에 등록하지 않아도 회사원이 자신의 가치를 확인할 수 있는 또 한 가지 지표가 있습니다. 그것은 주위로부터 스카우트 제의가 얼마나 들어오느냐 하는 것입니다.

경영자나 관리직에 있으면 알게 되는데 거래처나 이웃 부서의 사원이라 할지라도 젊고 우수한 인재가 있으면 진심으로 스카우트를 생각하게 되는 법입니다. 고용이 유동화되어 있는 지금, 1년 동안 일했는데 어디서도 제의가 들어오지 않는다면 상당히 위험한 상태라고 생각하는 편이 맞을 것입니다.

직종에 따라서는 외부와의 접촉이 적은 일도 있을지 모르겠지만 그런 사람이라도 회사 밖에서 아마추어 벤처를 시작하거나 NPO활동, 혹은 크라우드소싱에서의 작업에 관여하면 좋을 것입니다. 평소 다른 회사와 교류가 없는 사람에게는 커다란 경험이 되리라 여겨지며, 자신이 회사 밖에서 어느 정도 통용될지 시험해볼 수 있는 좋은 기회가 되기도 합니다.

단, 본업에 해가 되지 않도록 해야 합니다. 본업에 해가 된다면 그야말로 자기관리를 못하는 것입니다.

**회사원은 시장가치가 자산이다.**

# 자신의 평가를
# 컨트롤하라

일류 비즈니스맨은 자신의 행동이나 말에 따라서 타인이 자신을 어떻게 평가할지를 예상할 수 있습니다. 그렇기 때문에 한때의 감정에 휘둘려 말을 하지 않고 자신의 평가를 컨트롤해나갑니다.

자기 자신의 브랜드 가치를 향상시키는 데 없어서는 안 될 기술입니다.

사이버에이전트의 후지타 스스무〔藤田晋〕 사장이 《니혼게이자이》 신문의 칼럼에서 다른 회사에 스카우트되어 간 사원을 '매도'해서 찬반양론을 일으킨 적이 있었습니다. 이러한 소동도 전부 후지타 사장이 바라던 바. **언론을 이용해서 '자신의 캐릭터'를 홍보하고 또 사원의 스카우트를 억제하는 커다란 효과를 거두었습니다.**

일반인이 언론을 활용한다는 것은 쉬운 일이 아닐 테니 어떻게 해야 개인이 자신의 평가를 컨트롤할 수 있을지 잠시 설명하도록 하겠습니다.

A씨, B씨, C씨, 세 사람이 있다고 합시다. A씨와 C씨는 서로를 모릅니다. 어느 날 C씨가 B씨에게 A씨는 어떤 사람이냐고 물었습니다. B씨는 C씨에게 'A씨는 ○○한 사람'이라고 설명했습니다. 평가를 컨트롤한다는 것은 이 '○○' 부분을 자신의 생각대로 컨트롤한다는 말입니다.

평범한 사람은 어떤 사람과 접할 때 '주관'으로 접합니다. 눈앞에 있는 상대방밖에 보이지 않습니다. 그렇게 되면 그 상대방과의 관계성만으로 접하게 되기 때문에 아무래도 감정적이 되어버립니다.

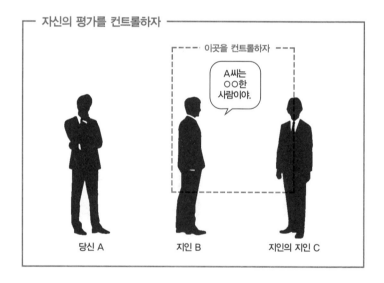

자신의 평가를 컨트롤하자

상대방이 아주 마음에 들어서 '이 사람을 위해서라면 무엇이든 하고 싶다!'는 주관만으로 접하면 그 상대방은 제3자에게 "그 사람은 언제나 일을 도와주는 친절한 사람이야"라고 말할 것입니다. 만약 그런 평가가 우선된다면 당신은 누구에게나 똑같이 대할 필요성이 생기고 결국은 스스로가 고통스러워지게 됩니다.

또 반대로 상대방에게는 관심이 없고 눈앞의 이익에만 관심이 있다는 듯한 태도로 접하면, 그 상대방은 제3자에게 "그 사람은 늘 자신의 이익만 생각하는 이기적인 사람이야"라고 말할 것입니다.

자신에 대한 평가는 확산되어간다는 사실을 잊어서는 안 됩니다. 사람과 접할 때는 눈앞의 상황뿐만 아니라 전체를 부감하며 말과 행동을 선택할 필요가 있습니다. 부감이라는 말이 잘 와닿지 않는다면 상대방과의 관계를 '장기적으로 보는 버릇'을 들이기 바랍니다.

사내에서 늘 비교대상이 되는 우수한 동료가 있다면 단기적으로는 라이벌, 장기적으로는 동료입니다. **눈앞의 일에만 급급해서 동료를 밀어내고 출세를 한들, 당신에 대한 악평이 퍼진다면 나중에 대가를 치르게 됩니다.**

단기적인 성공은 오래 지속되지 않는다는 사실은 인류의 역사가 증명하고 있습니다.

또한 사람의 평가를 크게 깎아내리는 것 중 하나는 역시 금전 문제입니다. 평소엔 좋은 사람이지만 금전 문제가 개입되면 갑자기 돌변하는 사람을 흔히 볼 수 있습니다. 돈에 눈이 어두워진다는 것은 그야말로 눈앞의 것밖에 보지 못하는 상태입니다.

예를 들어 '이 사람과의 만남도 오늘로 끝이구나'라는 생각이 들면 상대방으로부터 돈과 명예를 빼앗겠다는 생각이 끓어오를 위험이 있습니다. 그렇게 해서 잃은 평가가 어떻게 확산될지 알 수 없으니 그럴 때는 '이 사람과 다시 한 번 관계를 맺을 좋은 방법은 없을까?'라고 생각하면 자신의 욕망을 억누를 수 있습니다.

> **상대방과의 관계를 장기적으로 생각함으로써 자신의 평가를 높이자.**

## 6

# 스승을 두어
# 자신의 상식을 바꾸어나가라

저(마타노)는 30대 중반에, 조 단위 매출을 올리는 기업으로부터 개인 지명을 받은 민완 컨설턴트 밑으로 제자가 되어 들어갔습니다. 저도 사내 벤처가 궤도에 올라 꽤나 분주하던 시절이었습니다. 지인의 소개로 처음 그분을 만나게 되었는데 그분이 면전에서 이렇게 말씀하셨습니다.

"영 안되겠군. 자네 혹시 구청의 호적 담당 직원 아닌가?"

마치 만화의 한 장면처럼 한껏 높았던 콧대 부러지는 소리가 방 안에 메아리쳤습니다. 분하다기보다는 찬물을 뒤집어쓴 것 같은 느낌이었습니다.

하지만 이것이야말로 자신을 변모시킬 수 있는 기회라고 확신한 저는 그분과 직접 담판을 벌여 한 달에 한 번, 1시간에 10만 엔을 내고 그분의 사무실에 다니기로 했습니다. 배운 내용 가운데 비즈니스의 중심이 되는 이야기는 겨우 다섯 번 정도. 나머지는 비즈니스 이외의 분야였는데 결국은 2년 동안이나 계속 다니게 되었습니다. 그때는 이미 회사의 경비를 쓸 수 있는 위치에 있었으나 스스로 분발하기 위해서 사비로 다녔습니다.

자신의 부족한 부분을 지적받고, 또 성공한 사람의 경험과 지식을 배움으로써 제자는 먼 길을 돌아가지 않고 목표에 다다를 수 있습니다. 이것이 스승을 두는 것의 이점입니다. **지금까지 쌓아온 것을 버려야 할 때도 많을지 모르겠으나 자신만의 방법으로 익혀온 이상한 형태라면 버리는 것이 좋습니다.**

스승은 가능한 한 많이 두시기 바랍니다. 가까이에 '존경할 만한 사람'이 있다면 일단 "스승님, 스승님" 하고 부르면 됩니다. 스승이라고 불렸다고 기분 나빠할 사람은 아무도 없습니다.

하나의 분야에 스승이 몇 명이나 된다는 것은 조금 우스운 일이지만, 다른 분야라면 스승은 얼마든지 있어도 상관없습니다. 저는 지금 언뜻 생각해도 스무 명쯤은 '스승'이나 '선생'이라 부르는 사람이 떠오릅니다.

반대로 말해서 회사원은 상사를 라이벌로 보면 배울 수 있는 것이 없습니다. "역시 부장님!" 하며 적당히 치켜세워 흡수할 것은 흡수하는 것이 좋습니다.

스승은 유명한 사람이나 역사상의 위인이어도 상관없습니다.

저(오가와)는 경영자의 스승으로 손정의孫正義(손 마사요시) 회장을 존경하기 때문에 책이나 잡지의 인터뷰 기사는 전부 읽고 있습니다. 이 사람을 왜 존경하는지 점점 더 분명해질수록 설령 언론 매체를 통한 정보라 할지라도 제게는 더욱 커다란 자극이 됩니다.

라이프넷생명의 데구치 회장은 "내가 멘토로 삼고 있는 사람은 쿠빌라이 칸이다"라고 당당하게 말합니다. 멘토가 한 일, 그리고 그때 한 생각을 상상해서 그중 흡수할 것은 흡수하는 것이 목적이니 실제로 '만날 수 있는가' 하는 것은 수단에 지나지 않습니다.

배움을 피라미드 계층으로 생각해보면 정점에서부터 '직접 체험(자신이 해본다)', '사람에게서 배운다', '책을 통해 배운다'로 나

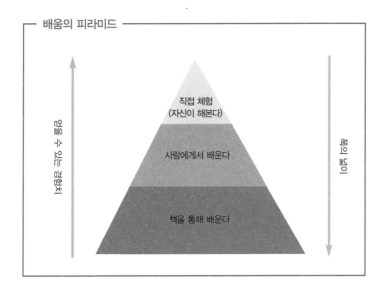

배움의 피라미드

직접 체험
(자신이 해본다)

사람에게서 배운다

책을 통해 배운다

얻을 수 있는 경험치

폭의 넓이

눌 수 있습니다.(앞의 그림) 정점으로 갈수록 경험치의 임팩트가 강하고 아래로 갈수록 폭이 넓어집니다.

배움이란 결국 이러한 것들의 조합입니다.

단, 갑자기 직접 체험을 늘리려 해도(경영에 대해서 아무것도 모르는 사람이 갑자기 사업을 시작하는 등) 대량의 리소스가 필요하기 때문에 그다지 현실적이지는 않습니다. 그리고 시간에는 한계가 있습니다. 아무것도 하지 않는다는 것은 논외입니다만, 그렇다고 닥치는 대로 한다고 해서 성과가 나오는 것도 아닙니다.

**그러니 우선은 가설을 세워가며 행동한 뒤 거기서 알게 된 사실을 책이나 다른 사람으로부터 체험적으로 배우는 것이 좋습니다.**

성장에 따르는 난관을 돌파할 수 있게 해주는 것은 직접 체험 뿐. 일이에서든 취미에서든 실천 속에서 갑자기 '눈을 뜨게 된 경험'은 없으셨습니까? 그것이 돌연변이이자 워프warp의 순간입니다. 그것은 배움이 축적되지 않으면 일어나지 않습니다.

스승을 찾아 자신의 껍데기를 깨고 성장해서 직접 체험으로 배움을 총결산하는 사이클이 완결되는 순간, 당신이 당연히 여기던 일들에 틀림없이 변화가 생길 것입니다.

**배움의 마무리는 '스스로' 지을 것.**

*Column*

칼럼

# '명함을 구분해서 사용하는 것'은
# 일류의 습관일까?

명함을 구분해서 사용하는 것은 중요한 일입니다.

예를 들어 저(오가와)는 사장으로서의 명함, 컨설턴트로서의 명함, 회사 이름과 직함은 전혀 적혀 있지 않은 명함을 상황에 따라 구분해서 사용합니다.

특히 대기업을 상대로 일을 할 때는 일부러 사장이라는 직함이 적혀 있지 않은 컨설턴트로서의 명함을 사용하는데 그렇게 하면 회사를 더욱 크게 보일 수 있습니다.

그렇다면 샐러리맨은 어떨까요? 저는 샐러리맨도 개인 명함을 가지고 다녀야 한다고 생각합니다.

물론 회사의 명함을 부정하는 것은 아닙니다. 일과 상관없는 자리에서 건네준 그 명함이 일과 연결될 가능성도 있으니 말입니다. 하지만 회사의 명함만을 사용하면 (유명한 기업인 경우) 회사의 브랜드가 너무 강해서 개인은 매몰되어버리고 맙니다. 그것도 모르고 자신이 인정을 받았다고 착각한다면 참으로 어리석은 일입니다.

독립한 순간 주위의 태도가 차가워졌다고 불평할 사람이 있을지 모르겠는데 그건 자신이 무의식중에 회사의 간판을 등에 지고 주위와 접해왔기 때문입니다.

'나의 실력을 시험해보고 싶다. 개인적인 인맥을 쌓고 싶다'고 생각했을 때 개인 명함이 가치 있는 것이며, 동시에 개인 명함은 셀프 브랜딩의 첫걸음이기도 합니다.

회사의 간판을 뗀 자신의 강점은 무엇인가?

어떤 평가를 얻고 싶은가?

직함을 붙이고 싶다면 어떤 직함을 붙이고 싶은가?

이러한 고민 속에서 커다란 깨달음을 얻게 됩니다.

사람들은 보통 명함을 받은 순간 '이 사람은 과연 도움이 될까?'만을 생각합니다. 바로 그렇기 때문에 직함이 중요한 것인데, 직함을 생각해내는 요령은 '나를 누구에게 어떻게 팔고 싶은가'를 가장 먼저 정하는 것입니다. 그리고 목표로 삼은 사람에게 자신의 존재를 알리기 위해 '내가 제공할 수 있는 것'을 한 단어로 적으면 됩니다.

만약 직함에 '기획력'이라는 말을 넣고 싶다면 그때부터 기획에 대해서 공부를 시작하는 것도 좋습니다. 계속 성장을 하는 사람일수록 명함이 빠르게 업그레이드됩니다. 몇 년 동안이나 명함이 바뀌지 않은 사람이라면 어느 정도 위기의식을 갖는 편이 좋을 것입니다.

　조금 더 덧붙여 이야기하자면, 직함을 적지 않아도 상대방이 자신의 이름을 인터넷으로 검색해보는 존재가 되는 것, 이것이 최선입니다.

# 7

뜻을 관철시키는
# 평생의 습관
First-class habits of a lifetime

# 1

# 승부를 봐야 할 때는
# 리스크를 먼저 고려하라

저(오가와)는 학생 시절에 카지노를 문턱이 닳도록 다녔던 적이 있었습니다. 물론 일본이 아니라 금요일에 한국으로 날아가 이틀 동안 카지노에서 '일(?)'을 하고 일요일에 돌아오는 생활이었습니다.

돈을 벌기 위한 '출장'이었기에 모든 것을 확률론으로 생각해서 승률이 50%를 넘을 때만 커다란 승부를 걸었습니다(돈을 걸지 않으면 출입금지를 당하기 때문에 따지 못할 때도 최소한의 금액은 걸었습니다). 설령 잃는다 할지라도 확률적으로는 이길 가능성이 높았으니, 잃는 것도 어느 정도는 감안하는 것입니다. 결국은 중장기적으로 봤을 때 플러스 수지로 만드는 것이 목표이니 단 한 번의 승부에 일희일비하거나 전 재산을 거는 짓은 하지 않았습니다.

비즈니스에서도 마찬가지여서 깊이 생각한 끝에, 이렇게 하면 이길 것이라고 생각한 싸움에서 졌다 할지라도 신경 쓸 필요는 없습니다. 이겼을 때나 졌을 때나 요인 분석을 하는데, **아무리 생각 해봐도 '확률적으로는 승산이 있었다'고 여겨진다면 문제될 것 없습 니다. 앞으로도 계속하면 됩니다.** 확률로 말하자면 결과란 변수이 기 때문에 컨트롤할 수가 없습니다. 그러나 프로세스나 의사결정 의 기준은 재현성을 유지할 수 있습니다.

지키기를 좋아하는 사람은 지키는 것의 대극에 지키지 않는 것이 있다고 생각하는 경우가 많습니다. 저도 선택의 여지가 '지키느냐, 지키지 않느냐'밖에 없다면 당연히 '지키기'를 택할 것입니다.

하지만 '지키기'의 대극에 있는 것은 '공격'입니다. 거기에 다 시 '성과가 난다/나지 않는다'는 기준을 대입해보면 '공격한다,

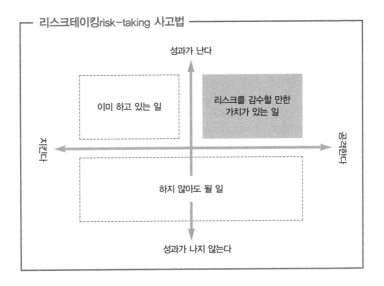

리스크테이킹risk-taking 사고법

성과가 난다

이미 하고 있는 일

리스크를 감수할 만한 가치가 있는 일

지킨다

공격한다

하지 않아도 될 일

성과가 나지 않는다

그리고 성과가 난다' 영역이 생겨납니다.(옆의 그림) 여기가 '리스크를 감수할 만한 가치가 있는 부분'입니다.

**사람들이 일반적으로 접근하지 않는 영역이기에 더욱 가치가 있습니다.** 승부에서 리드하고 싶다면 리스크를 선행하는 것이 기본입니다.

제가 소유하고 있는 텔레아포 회사의 전화 영업이 너무 심하다고 문제가 된 적이 있었습니다. 당연히 엄하게 질책했습니다만, 그때 저는 모든 사원에게 보너스를 지급하기로 했습니다. '이렇게 매번 리스크를 감수하면서까지 계속 공격을 해주어서 고맙다'는 의미였습니다.

저는 리스크에 대한 선호도가 아주 높기 때문에 그다지 참고가 되지 않을지 모르겠습니다.

단, 중요한 것은 본인이 어느 정도까지 리스크를 허용할 수 있는지 파악하고 있는가 하는 점입니다. 잃을 가능성이 있다는 사실을 이해하지 못한 채 공격하는 것은 무모함 때문이고, 불 보듯 뻔한 리스크를 모르는 척하고 욕심대로 움직이는 것은 미숙함 때문입니다.

욕심 많은 사람이 '지금 나는 냉정함을 잃었을지도 모른다'고 생각된다면 자신을 제3자적 시선으로 바라보아 그 제3자도 과연 자신과 같은 결론을 내릴지 생각해보시기 바랍니다. 오하시 교센

[大橋巨泉] 씨가 쓴《교센-인생의 선택》이라는 책에 **"이번 생에서는 이건 포기하자"**는 멋진 말이 있습니다. 이렇게 '자신을 제외'할 수 있느냐에 따라서 행동과 선택이 크게 바뀝니다.

반대로 언제나 지키기만 하는 사람은 어느 선까지는 물러나도 안전권인지를 알지 못한다면 쓸데없이 겁을 먹거나 자기방어에 비용을 낭비할 위험이 있습니다.

일류라 불리는 사람들의 공통점은 실패를 두려워하지 않는다는 점입니다.

회사원 신분이라면 일에서 실패를 해도 상사나 클라이언트에

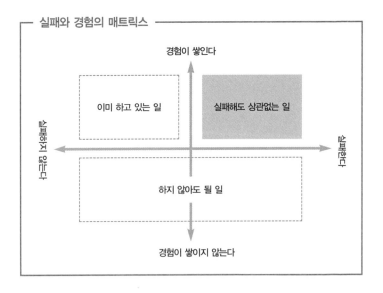

게 야단을 맞을 뿐입니다. 단기적으로는 마음 상할지 모르겠으나 과연 자기방어에 나서야 할 만큼 커다란 손실을 입게 되는 것인지는 모르겠습니다.

사람의 실패를 매트릭스로 나타내면 '실패한다/실패하지 않는다' 외에 '경험이 쌓인다/쌓이지 않는다'를 토대로 생각할 수 있습니다.(옆의 그림)

긴 인생에 있어서 중요한 것은 경험을 쌓는 일이지, 실패하지 않았다는 사실에 가치는 없습니다. 여러 가지 실패를 맛보며 여러 가지 경험을 쌓으시기 바랍니다.

> **리스크를 알지 못하는 것이 가장 큰 리스크.**

# 체험가치에
# 돈을 아끼지 마라

현상에서 벗어나 성장하고 싶다면 체험부터 사 보시는 것은 어떻겠습니까?

**일반적인 샐러리맨은 10억 단위의 연봉을 받겠다는 상상은 하지도 못합니다.** 그것은 텔레비전, 혹은 책에서나 볼 수 있는 세계이지 자신과는 관계가 없다고 생각합니다. 하지만 세상에는 10억 단위 연봉을 목표로 필사적으로 노력하는 사람도 있습니다.

그 두 사람의 차이는 무엇일까요?

그것은 경험의 차이밖에 없다고 생각합니다. 외부 자극에 의한 깨달음이나 자신의 조그만 성공 경험을 통해 계단 하나를 오르고, 다시 경험을 쌓아 한 계단 더 오르기를 반복하다 보니 1억 엔(10억 원)이 보이기 시작했다, 이렇게 되는 것 아닐까요?

최근 '물건 소비', '일 소비'라는 말을 자주 듣는데 일 소비의 본질은 '이런 삶을 살고 싶다'는 것. 이를 개인 체험에 대입해보자면 결국은 '남들이 봤을 때 돈을 주고 살 만한 가치가 있다고 생각하는 경험을 하고 있는가?'입니다. '해보고 싶다', '도전해보고 싶다'는 내용의 블로그나 유튜브의 동영상이 늘어나는 것도 물질이 넘쳐나는 지금의 일본에서는 '해본 적이 없는 체험'에 모두가 가치를 느끼게 되었기 때문입니다.

지금은 체험도 팔 수 있는 시대입니다(유튜버가 될 수 있다는 좁은 의미가 아니라). '가치를 낳는 체험'을 어떻게 해나가느냐가 향후 20년의 연봉을 결정한다고 해도 과언이 아닙니다.

체험이 늘어나면 자신 속의 기준도 변하기 시작합니다.

평소에는 체인점에서만 외식을 하던 회사원이 외국에서 온 VIP를 접대하기 위해 매일 밤낮으로 고급 레스토랑에서 식사를 했다고 합시다. 그 회사원은 그 후에도 집 근처에 있는 회전스시 가게에 가서 과연 전과 같은 만족감을 얻을 수 있을까요? 틀림없이 머릿속 한편으로는 긴자나 니시아자부에서 먹었던 맛있는 스시를 떠올릴 것입니다.

고급 스시집이 있다는 사실은 모두가 정보로 알고 있지만, 실제로 체험을 해보지 않는 한 사람은 '상식'을 깰 수가 없습니다.

'그 스시를 매일 먹는 사람도 있어. 나도 그런 사람이 되고 싶어. 어쨌든 일주일에 한 번 먹으러 간다 해도 100만 엔은 들겠지. 어떻게 해야 100만 엔을 더 벌 수 있을까?'

막연하게나마 이렇게 생각하기 시작했다면 그것이 계단을 오르는 계기가 됩니다. 사람의 욕심을 성장의 원동력으로 삼는 것은 부끄러운 일이 아닙니다.

체험을 하지 않는다는 것은 '변화의 가능성'을 없앤다는 것입니다. 성장하지 못하는 샐러리맨 가운데는 일도 생활도 전부 루틴화되어버려서 체험이 적은 사람들이 많은 것처럼 보입니다. "이번에 딸이 수험생이 되어 내 용돈도 줄어들었어"라고 말하는 아버지들처럼 **나이를 먹어갈수록 제약도 늘어나고 행동도 한정되어갑니다.**

자신에게 무한한 가능성이 있다고 생각했다면 자신이 겪어보지 못한 일에 대한 지출을 아끼지 않는 것이 중요합니다. 안정감만을 추구해서 언제나 같은 가게에 가기보다는 잘 알려지지 않은 뜻밖의 가게를 개척하는 편이 체험가치를 높일 수 있습니다.

그런 점에서 언어와 식사와 풍경과 사고방식이 다른 외국을 여행하는 것만큼 새로운 자극이 되는 일도 없을 것입니다. 어렵게 해외여행의 기회를 마련했으니 일 소비를 중시하여 그 지역에서 화제가 되고 있는 것을 전부 체험하면 더 많은 것을 얻을 수 있습니다.

라쿠텐(일본 최대의 온라인몰-옮긴이)의 미키타니[三木谷] 회장은 어떻게 라쿠텐을 만들 수 있었을까요? 그것은 학생 시절부터 미국을 피부로 체험했기 때문입니다. 사카모토 료마[坂本龍馬](일본

212

의 검객으로 시코쿠[四國]에서 태어났다. 오늘날의 일본이 선진국으로 살아갈 수 있게 한 인물-옮긴이)는 왜 자신이 살던 나라에서 나왔을까요? 그것은 검술 수행을 위해 찾았던 에도[江尺]에서 서양의 배를 보는 체험을 했기 때문입니다.

체험이 적은 사람일수록 'A가 아니면 안 된다!'고 바로 단언해 버립니다. 요컨대 자신만의 생각에 빠져서 현상을 의심하고 있지 않다는 증거입니다. 자신을 바꾸고 싶다면 새로운 자극을 찾아서 적극적으로 체험가치를 사들여야 합니다.

**가치를 낳는 체험을 하자.**

# 부모와 자신에게
# 효도하라

       부모님께 효도합시다. 최선을 다해 효도합시다.
젊은 세대 중에는 지나치게 무심한 사람들이 너무 많습니다.
   자신의 생일을 친구들로부터 축복받는 것이야 상관없지만, **부모
로부터 축하 메일을 받는 것은 아니라고 생각합니다.** 바로 자신의
생일이기에 오히려 자신을 낳아주신 부모님께 감사의 마음을 전
할 더없이 좋은 기회입니다. 여행, 식사, 꽃, 선물, 편지 등 방법은
무엇이든 상관없습니다. 전화를 한 통 걸기만 해도 부모님은 기
뻐하는 법입니다.
   부모님 사이에서 자신이 태어나 지금의 자신이 있는 것입니다.
그리고 앞으로 몇 년만 있으면 그 부모님과 평생 만날 수 없습니
다. 너무나도 당연한 일이어서 사람들은 그 고마움을 이해하지
못합니다. 감사의 마음은 당연한 일을 깨닫는 데서 비롯됩니다.
   평소 효도를 하는 요령은 부모님과 대화할 때 좋은 일만 보고하

는 것입니다. 가끔 나이도 먹을 만큼 먹은 사람이 부모에게 불평이나 고민을 털어놓는 모습을 볼 수 있는데 어쩌다 한번 찾아오는 자식의 입에서 불만 가득한 소리만 나온다면 부모님으로서는 편안하게 노후를 보낼 수가 없습니다. **'우리가 없어도 어엿하게 살아갈 수 있다'고 진심으로 생각하게 하는 것이 최고의 효도입니다.** 효도의 본질은 같이 있는 시간을 늘리거나 물리적인 무엇인가를 보내는 것이 아닙니다.

바로 그렇기 때문에 자신을 철저히 연마해야 합니다.

저는 학생 시절에 꽤나 거친 생활을 했기에 부모님께 상당한 걱정을 끼쳤습니다. 사업이 마침내 궤도에 오르기 시작했을 때, 여러 가지 형태로 부모님께 보답하려 했으나 처음에는 좀처럼 받아주려 하시지 않았습니다.

받아주지 않으시겠다면 억지로라도 보내겠다며 저희 회사에서 관여하고 있는 결제 시스템을 이용해 매달 제 통장에서 일정액을 보내드리는 형태로 바꾸었습니다. 그렇게 고집스럽던 부모님도 지지 않을 수 없었다고 합니다.

그때 '이번 달에는 많이 벌었으니 많이 보내자'는 방식을 취하면 반대로 '이번 달에는 어려우니 금액을 줄이자'고 생각되는 달도 나오게 됩니다. 그렇게 되면 걱정의 씨앗이 될지도 모르기 때문에 어디까지나 시스템화해서 행하고 있습니다.

효도에 있어서 중요한 것이 자신에 대한 효도입니다.

지금 당신 주위에는 가족과 친구가 여럿 있으리라 여겨집니다만, 평생을 함께하는 것은 당신 자신뿐입니다. 타인에게는 배척받을지 몰라도 자신을 배척할 수는 없습니다. 당연한 말이지만 '인생은 한 번뿐. 아무리 싫어도, 아무리 나쁜 조건이라도 죽을 때까지 열심히 살 수밖에 없다'는 결의를 얼마나 깊이 새기고 있느냐에 따라서 인생의 질이 달라집니다.

콤플렉스처럼 현상적으로 자신이 싫어지는 경우는 있어도, 지금 놓인 상황에 슬퍼할 수는 있어도, 어제보다 오늘의 자신을 좋아하기 위한 노력을 게을리 해서는 안 됩니다.

**부모님께 효도하고 나 자신을 사랑하자.**

# 4

# 노벨상보다
# 사내 최고를 목표로 삼아라

사람이라면 누구나 자기 자신과 평생을 함께해야 합니다.

그 일생을 보다 향상시키는 것이 자기관리의 목적입니다.

아직 젊으니 무리를 해도 괜찮다고 생각하는 사람이 있습니다. 장기적인 전략을 바탕으로 컨트롤해가며 무리를 하고 있는 것이라면 상관없지만, 그렇지 않은 경우라면 '과연 평생 계속할 수 있을까?' 자문자답해볼 필요가 있습니다.

그 결과, '하고 싶지 않다'고 생각했다면 지금 당장 그만두는 것이 좋습니다.

격렬한 운동으로 다이어트를 하는 것과 마찬가지로 격렬한 운동을 평생 계속할 수는 없습니다. 몸을 움직일 수 없게 되면 다이어트도 그만두시겠습니까?

어차피 인간은 당연한 일밖에 하지 못합니다.

아무도 모르는 성공법칙을 발견하겠다, 아무도 가보지 못한 세계에 가겠다는 행위는, 그것을 추구하는 사람에게는 값을 매길 수 없을 만큼 소중한 세계일지 모르겠으나, **우리 일개 개인의 입장에서 보자면 그저 '무모함'에 지나지 않습니다.** 그런 일은 투철한 사명감을 가지고 있는 학자와 두려움을 모르는 모험가에게 맡겨두면 충분합니다. 길고 긴 인류의 역사 가운데서 굳이 세계 최초의 한 사람이 될 필요는 없습니다.

일에서도 마찬가지여서 대부분의 비즈니스맨에게 중요한 것은 얼마나 안정적으로 성과를 내느냐 하는 것입니다. 따라서 아무도 한 적이 없는 일에 시간과 노력을 기울이는 삶은 '이번 생에서는 됐어'라고 생각하는 것이 자신에 대한 사랑이 됩니다. 인생이 몇 번이나 있다면 언젠가 한 번쯤은 도전해보고 싶습니다만.

'새롭다'는 말을 '처음이다'라고 해석한다면 '무엇이', '누구에게' 처음인지에 따라서 선택의 폭이 넓어집니다. 고객에게 처음인지, 사용하는 방법이 처음인지, 업계 최초인지. 다시 말해서 낡은 것을 활용해서도 '새로움'은 만들어낼 수 있는 법입니다.

> **비즈니스에 전인미답의 영역은 필요 없다.**

# 5

# 안정이란
# 언제라도 돈을 벌 수 있는 것

　　　　　강점이 있다는 것은 좋은 일이지만 때로 그 강점은 약점이 되기도 합니다.

　예전에 인기를 구가하던 카피라이터가 있다고 합시다. 시대의 흐름을 읽는 눈과 참신한 아이디어로 관여한 광고마다 반드시 화제가 되었던 사람입니다. 최고 전성기에는 눈코 뜰 새 없이 바빴지만 카피라이팅은 숫자를 채워나가야 하는 시간급이기 때문에 평생 놀고먹을 수 있을 만큼의 커다란 돈은 손에 넣지 못했습니다. 또한 시대의 흐름과 함께 작품에 대한 반응도 떨어져 제작 의뢰도 줄어들기 시작했습니다.

　그 카피라이터가 생활을 계속하기 위해서는 과거의 성공체험을 버릴 수 있어야 합니다. 실적을 활용해서 집필이나 세미나로 돈을 버는 방법도 있고 젊은 사람들을 고용해서 프로덕션을 설립해도 좋을 것입니다.

**하지만 과거에 인기를 누렸던 자신이 걸림돌이 되어 다음 행동으로 옮기지 못한다면 그것은 강점이 약점으로 바뀐 상태입니다.**

대기업에 근무하는 사람도 마찬가지입니다. 원래 안정이란 대기업에서 일한다는 사실을 말하는 것이 아닙니다. 회사가 없어져도 바로 돈을 벌 수 있는 상태에 있는 것이 참된 안정일 것입니다. 만약 대기업에 근무하고 있다는 사실을 강점이라고 생각해서 노력을 게을리 하고 있다면 강점이 약점으로 바뀌어가고 있다는 증거입니다.

예전에 공룡은 몸을 키움으로써 생존경쟁에서 살아남았습니다. 지구상 어디를 가도 먹이 때문에 어려움을 겪지는 않았습니다. 하지만 운석의 충돌로 먹이가 격감했고 커다란 몸이 짐이 되어 개체수가 줄어들기 시작했습니다. 살아남은 것은 적응력이 뛰어난 작은 동물뿐.

진정한 강점은 재현성에 있습니다. 환경이 바뀌어도 소모되지 않고, 설령 모든 것을 잃었다 할지라도 거기서 다시 시작할 수 있다는 자신감을 키우도록 합시다.

> 회사가 없어져도
> 바로 돈을 벌 수 있는 상태가 진정한 강점이다.

# 6

# '내일을 어떻게 향상시킬 것인가'만을
# 생각하라

예전에 저희 회사에서 사용하고 있는 고객 데이터베이스가 누구라도 열람할 수 있다는 사실이 판명되었고 언론에도 보도되어 커다란 소동이 벌어진 적이 있었습니다. 학생 시절에는 주식으로 수천만 엔의 빚을 진 경험도 있었고 그 외에도 몇 번인가 파산을 경험했습니다.

그런 경험을 통해서 인생에는 굴곡이 있다는 사실을 뼈저리게 배웠습니다.

아무리 관리를 해도 뜻밖의 재난에 휩싸이는 경우도 있고, 하루하루 상황이 악화되어가는 것을 방관할 수밖에 없는 경우도 있습니다.

하지만 그것이 인생입니다.

당사자의 눈으로 보자면, 이미 일어난 일은 어쩔 수가 없습니다. 과거는 바꿀 수 없습니다. 그때는 충격을 받겠지만 아무리 탄

식한다 해도 상황은 조금도 바뀌지 않습니다.

그렇다면 **얼마나 빨리 일어서느냐, 지금의 상황보다 내일을 향상
시키기 위해서는 어떻게 하면 좋을까, 집중해야 할 것은 그 한 가지
사실뿐입니다.**

비극의 주인공으로 슬픔에 잠겨버리면 시야가 점점 좁아져 더
욱 깊은 나락에 빠져버릴 우려가 있습니다.

반사와 판단은 다릅니다. 반사는 컨트롤할 수 없지만 어떻게 판
단하느냐는 자신의 몫입니다. 따라서 '나의 목표는 행복해지는 것
이다!'라고 생각한다면 '지금 내가 있는 곳은 계곡이고 행복으로
가는 길은 여기서부터 시작이다'라고 의식을 바꿀 수 있습니다.

일에서 절체절명의 상황으로 내몰렸을 때, 사원들에게 자주 하
는 말이 있습니다.

"우리가 이 상황을 극복하면 전설이 될 거야!"

그야말로 히어로즈 저니. 위기 국면에서 정의의 사자가 승리를
거두기 때문에 히어로 영화도 재미있는 것이지, 백전백승이라면
따분할 것입니다.

스티브 잡스는 1985년에 자신이 세운 애플사에서 추방당한 경
험을 가지고 있습니다. 그로부터 11년이라는 세월이 흐른 뒤 부
활해서 현재 애플사의 황금기를 구축했습니다. 그 성공의 뒷면에
지난날의 좌절 경험이 있었다는 것은 틀림없는 사실입니다. 그렇

기 때문에 미담으로 회자되는 것입니다.

하지만 당사자인 잡스는 추방을 당한 직후 틀림없이 이렇게 생각했을 것입니다. '이게 사실일까? 어떻게 하지……'

11년 후에 부활한다는 사실을 알고 있었다면 충격을 받았을 리 없을 테지만 천재인 잡스조차도 신과 같은 능력은 가지고 있지 않았습니다.

어떤 괴로운 일이 생기면 거기서부터 필사적으로 다시 일어설 것만을 생각합시다. 그때의 경험이 언젠가는 힘이 되어줄 것입니다.

## Connect the dots(점과 점을 연결하자).

# 7

# 인생의 북극성은 필요하지 않다

　　　　자기관리라고 하면 대부분 태스크task 관리를
떠올리기 때문에 '10년 후, 이 일을 성공시키고 싶다', '죽기 전까
지 돈을 얼마 벌고 싶다' 등처럼 자신의 목표를 이야기하는 경우
가 많습니다.

　자기관리의 목표가 '무엇을 이루고 싶다', '돈을 벌고 싶다' 등처
럼 한정적인 것이 되어버리면 그때부터 하루하루가 답답해집니
다. 그런데도 그것을 인생의 목표로 삼아도 되는 것인지 모르겠습
니다.

　목표에는 세 종류가 있습니다.

　BE(어떤 사람이 되고 싶은가) 〉 DO(무엇을 하고 싶은가) 〉 HAVE(무
엇을 손에 넣고 싶은가)

　BE가 줄기라면 DO는 가지, HAVE는 잎입니다.

　'이루고 싶다', '돈을 벌고 싶다' 등과 같은 목표는 HAVE에 지

224

나지 않습니다. DO와 HAVE의 목표를 여러 개 두는 것은 좋은 일이지만, 그것과 인생의 목표는 조금 다릅니다.

목표는 가변적입니다. 특히 젊은이일수록 목표는 바뀌어도 상관없습니다.

일류라 불리는 사람은 지금의 자신에 만족하지 못하며, 세상은 자신이 모르는 세계로 가득하다는 사실을 알고 있고, 지금 자신이 보고 있는 세계는 조그만 자신만의 세계관이 빚어낸 것에 지나지 않는다는 사실도 알고 있습니다. 따라서 목표가 변하는 것도 당연한 일이라는 사실 역시 알고 있습니다. 단기, 중기의 목표는 가지고 있어도 인생의 북극성과 같은 장기적인 목표는 쉽게 세우지 않습니다.

굳이 인생의 목표를 세운다면 BE 부분이어야 합니다.

줄기 부분이라면 인생관을 바꿀 만큼 커다란 임팩트가 없는 한 쉽게 바뀌지 않을 테니 지금부터라도 세울 수 있습니다.

저는 '합리적인 사람'을 하나의 목표로 삼고 있습니다. 제게 있어서 이 목표는 **'평생에 걸쳐 이루고 싶은 일'이 아니라 '평생 동안 이어가고 싶은 일'이라고 생각합니다.**

자기관리란 결국 커다란 목표를 실현하기 위해서 나쁜 습관을 버리고 좋은 습관을 들이는 것에 다름 아닙니다. 결코 태스크 관리나 스케줄 관리를 말하는 것이 아닙니다.

'커다란 목표'란 범용성이 높다는 의미입니다. 이상을 말하자면 BE, 이런 사람이 되고 싶다는 장기적인 목표입니다. 커다란 목표를 실현하기 위한 선택사항은 무한대로 있으니, 자기관리란 원래 매우 자유롭고 즐거운 것입니다.

보다 좋은 인생을 보내기 위해 자기관리를 보다 잘 해나가시기 바랍니다.

**인생의 목표는 평생 동안 이어가고 싶은 일로 삼아라.**

# 맺음말

# 1

"자네도 꽤나 위험하군. 앞으로 6개월만 지나면 빠져나올 수 없을 거야."

스물네 살 때 은인이신 한 투자가께서 하신 이 말씀은 지금도 꿈에 나타납니다.

점심시간에 사적인 일로 자동차를 운전하다 사고를 일으켜 오후에는 조퇴를 하는 등 샐러리맨으로서의 기본이 되어 있지 않던 시절이었습니다. 그때는 '나는 원래 이런 사람이 아니야'라는 식의 현실도피라 여겨지기도 하는 변명을 늘어놓으며 '그냥 이렇게 어른이 되어가는 걸까?' 하는 막연한 불안감을 가슴속에 품고 있었습니다. 하지만 무엇을 해야 좋을지 몰랐기 때문에 그저 빵이나 뜯어 먹으며 웹서핑을 하는 것이 나날의 즐거움이었습니다.

그럴 때 앞서 말씀드린 한마디를 들은 것입니다. 진짜 해머로 머리를 얻어맞는 편이 그나마 덜 아프지 않을까 싶을 정도로 어마어마한 충격이었습니다.

이에 저는 마음을 다잡고 '서른 살까지 이루어야 할 일'을 몇 가지 정했습니다. 그사이에 목표를 변경한 한 가지만을 제외하면 대부분 달성했고 유일하게 남은 한 가지 목표가 책을 내는 일이었습니다.

이제 서른 살을 목전에 두고 목표를 전부 이루게 되었습니다.

저는 자타가 공인하는 자기관리 마니아로 보다 많은 성과를 내기 위한 습관은 무엇일까 늘 생각하고 있습니다. 그러다 '아침에 머리가 가장 맑으니 몇 번이고 낮잠을 자면 종일 맑은 머리를 유지할 수 있지 않을까?!' 하는 생각이 들어 낮잠을 몇 번이고 자는 황당한 실험을 거듭하며 제 일상을 바꿔나갔던 경험이 있습니다. 앞으로도 더욱 성과를 낼 수 있는 습관이 있다면 틀림없이 실천해볼 것입니다.

그런 저의 현 단계를 집대성할 수 있는 기회를 얻게 되어 매우 영광입니다. 앞서도 말씀드린 것처럼 이 책은 태스크 관리를 설명하는 책이 아닙니다.

'인생은 뜻대로 되지 않는다. 하지만 언제든 바꿀 수는 있다'는 당연한 사실을 당연히 실현할 수 있도록 돕기 위해 쓴 책입니다. 그렇게 할 수 있어야만 "자신의 인생을 소유했다"고 말할 수 있는

228

것 아니겠습니까?

저 같은 풋내기가 잘난 척 이야기를 늘어놓는다는 것도 참으로 부끄러운 일입니다만, 이 책이 독자 여러분의 당연한 생활, 즉 습관을 바꾸는 데 조금이나마 도움이 된다면 저자로서 더할 나위 없는 보람이 될 것입니다.

마지막으로 집필에 있어서 몇 번이고 논의를 거듭해주셨던 공동저자 마타노 나루토시 씨, 그리고 여러 가지 사례 속에 등장해주신, 누구와도 바꿀 수 없는 저의 스승님들, 동료들. 아침부터 밤까지 집을 비우는 저를 변함없이 응원해주는 아내.

여러분 덕분에 이 책이 나왔습니다.

감사, 또 감사드립니다!


하지만 제게는 지금부터가 시작입니다.

저뿐만 아니라 이 책을 읽으신 당신께도 새로운 출발점이 되었으면 하는 바람입니다.

저는 아직 꿈을 꾸고 있습니다. 제 꿈이 불가능한 것이라고는 누구도 말하지 못하게 할 생각입니다. 그리고 당신의 꿈도 마찬가지입니다.

지금은 실현 수단을 모른다 할지라도 꿈의 크기와는 상관없이 이 책에 실린 내용을 실행하신다면 틀림없이 실현할 수 있으리라 믿습니다.

몇 년 뒤가 될지는 모르겠으나 이 책을 읽으신 당신이 언젠가 책을 출판했을 때 제가 당신의 책을 읽고 "정말 재미있었습니다. 사인해주십시오"라고 말할 날이 오기를 기다리고 있겠습니다!

오가와 신페이

되풀이해서 행하는 것이 우리 인간의 본질이다.
따라서 우수함이란 하나의 행위가 아니라,
습관에 의해서 결정된다.

― 아리스토텔레스

**옮긴이 박헌석**

대학에서 국문학을 전공하고 일본에 유학하여 도쿄 요미우리 이공전문학교에서
수학한 후, 일본 기업에서 직장생활을 했다. 현재 출판기획, 전문 번역가로 활동 중이다.
주요 번역서로 《수학공식 7일 만에 끝내기》《절망의 재판소》《수학적 사고법》《판도라의 상자》
《동행이인》《식탁 위의 심리학》 등이 있다.

1日 1週 1年 1生
# 일류 습관

1판 1쇄 발행 2016년 4월 18일

| | |
|---|---|
| 지은이 | 오가와 신페이, 마타노 나루토시 |
| 옮긴이 | 박헌석 |
| 펴낸이 | 윤혜준 |
| 편집장 | 구본근 |
| 고문 | 손달진 |
| 디자인 | 오필민디자인 |

| | |
|---|---|
| 펴낸곳 | 도서출판 폭스코너 |
| 출판등록 | 제2015-000059호(2015년 3월 11일) |
| 주소 | 서울시 마포구 성미산로16길 32 2층(우 03986) |
| 전화 | 02-3291-3397  팩스 02-3291-3338 |
| 이메일 | foxcorner15@naver.com |
| 페이스북 | www.facebook.com/foxcorner15 |

종이 일문지업(주)  인쇄 대신문화사  제본 국일문화사

한국어판 출판권 ⓒ 도서출판 폭스코너 2016

ISBN 979-11-955235-6-6  03320